bup
BERLIN UNIVERSITY PRESS

Dietrich Fischer-Dieskau
Das deutsche Klavierlied

Berlin University Press

Dietrich Fischer-Dieskau
Das deutsche Klavierlied

Zweite Auflage im Oktober 2012

Lektorat
Christian Döring
Ausstattung und Umschlag
Groothuis, Lohfert, Consorten | glcons.de
Satz und Herstellung
Dittebrandt Layout&Satz, Baden-Baden
Schrift
Borgis Joanna MT
Druck
Beltz Druckpartner GmbH Co. KG, Hemsbach
ISBN 978-3-86280-021-6

Inhalt

Vorwort

In den Jahrzehnten nach dem Zweiten Weltkrieg erlebte das schon fast totgesagte deutsche Kunstlied eine glanzvolle Renaissance, nicht nur in Deutschland, sondern in der ganzen Welt. Wo immer ich Liederabende gab, waren die Konzertsäle überfüllt, und die Liedaufnahmen auf Schallplatten erreichten hohe Auflagen. Diesem wiedererwachten und erfreulich anwachsenden Interesse des Publikums am Lied folgte eine erstaunliche Zunahme der jungen, am Lied interessierten Sänger. Das schafften lediglich drei oder vier Persönlichkeiten, deren Ausstrahlung und Publikumswirksamkeit dazu ausreichten, Säle zu füllen und neue Publikumskreise anzuziehen.

Zu jener Zeit veröffentlichte ich eine Textsammlung aller wichtigen vertonten Lyrik, die um des leichteren Auffindens willen sich alphabetisch an Titeln orientierte, während am Schluss des Bandes zwei weitere Register ein Nachschlagen nach Komponisten und Autoren zum Kinderspiel machten. Hierzu ist ausdrücklich anzumerken, dass als Druckvorlage in der Regel die für die Vertonung verbindlichen, gelegentlich auch verdichteten, veränderten Texte dienten.

Weder in diesem Band, der das Wesen des Liedes zu umschreiben versucht, noch in einer registrierenden Textsammlung kann Vollständigkeit die Richtschnur abgeben. Es muss darum gehen, eine dem Vergessen und der Vernachlässigung anheimfallende Musikgattung in die Erinnerung zu rufen. Genau wie in anderen Kunstsparten droht diese am großen Bequemlichkeitsvergessen in der sogenannten leichten Muse oder im Rock-Pop-Taumel der Masse zu ersticken. Das Lied hat die Hemmschwelle des Atonalen nur schwer überleben können, es sollte gemeinsam mit allem, was sich seit etwa 150 Jahren an Wertvollem und sich der jeweils zeitgenössischen Lyrik zugewandtem Ausdruck auch vor Publikum bewährte, unbedingt am Leben erhalten werden. Dazu gehören nicht nur Kenntnisse, dazu braucht es viel mehr noch, ja unbedingt Persönlichkeiten, die nicht nur ihr eigenes Flair mitbringen, sondern das Wesen der Musik und des zumeist vorgegebenen Textes in sich aufgenommen und derart zu eigen gemacht haben, dass sie ganz unabhängig von der Gesangs- oder Klaviertechnik völlig eins mit der Komposition werden. Dies gilt natürlich für alle Interpretationskunst, nirgends aber so rigoros und filigranhaft wie im Klavierlied.

Was uns hier interessieren sollte, ist die Geschichte des Liedes mit Klavier- oder Orchesterbegleitung, wie sie uns etwa seit Haydn und Mozart bekannt ist. Dazu wird man als ein nicht bloß oberflächlicher Interpret oder Hörer sich mit der Wechselwirkung zwischen der auslösenden Poesie und ihrer Vertonung, ihrer Aufnahme und Interpretation beschäftigen müssen. Die Betrachtung einer solchen Doppelinitiative drängt sich im Falle des Liedes förmlich auf. Und kein Blick auf die inspirierende Dichtung kann nach dem Kennenlernen der Vertonungen als rein literaturwissenschaftlicher Vorstoß mehr missverstanden werden. Es müsste sich eher um ein Klarstellen der Gründe für das allmähliche Zurücktreten des Kunstliedes innerhalb der musikalischen Äußerungen handeln. Denn nur noch wenige unter den jungen Aspiranten interessieren sich überhaupt noch für Lyrik, und in den Schulen wird so gut wie nichts für ein solches Bedürfnis getan. Begeben wir uns also auf ein fast schon wieder leeres Terrain, dem erst wieder zu einer Hörergemeinschaft der mitdenkenden und gefühlsoffenen Art verholfen werden muss. Ob das je gelingen wird, ist eine andere Frage.

REICHARDT und ZELTER

Noch in der zweiten Hälfte des 18. Jahrhunderts schätzten die Menschen das von mehreren Instrumenten accompagnato begleitete Lied innerhalb der Hierarchie der musikalischen Gattungen oft nur als sehr gering. Sololieder mit Accompagnement galten als „Petitessen", die man zur Erbauung oder zum belustigenden Zeitvertreib unter Liebhabern wie Geschenke austauschte und nur in Auswahl für ein breiteres Publikum drucken ließ. Der Wandel zum Kunstlied, das als vollwertiges Musikwerk – auch konzertmäßig dargeboten – ein Kernstück des bürgerlichen Musiklebens bilden sollte, ereignete sich endlich zu Lebzeiten Goethes.

Die Lyrik insbesondere dieses als „Klassiker" anerkannten Dichters regte nach 1775 viele komponierende Zeitgenossen dazu an, kraft der spezifischen Sangbarkeit seiner auf eine poetisch-musikalische Ganzheit konzipierten Verse, zu höherer Wertschätzung des Liedes durch gehaltvolle Werke beizutragen. Wenn Beethoven 1822 feststellte, „es lässt sich keiner so gut componiren wie er", dann sprach er damit eine Qualität an, die der Dichter wirklich zu erreichen suchte und die maßgeblich dazu beitrug, dass seit dem Wirken Schuberts das Große auch in dieser Gattung gelang. Goethe schrieb viele seiner

Gedichte nicht zum Lesen, sondern zum Singen. Er teilte mit Herder sowie anderen Dichtern seiner Zeit die Auffassung, „dass seine Verse durch die Musik supliert werden sollten", dass „eigentlich das Lied durch jede Composition erst vollständig" werde. „Die Musik mache den Vers erst vollends klingend lebendig, sie bekleide das im Grunde für sich nackte Liederwesen" und „führe es in die Welt ein", mache es zum „feinen und innigen Genuss" im geselligen Leben der dafür Aufgeschlossenen bereit.

Einige Lieder der Zeit sind in ausdrücklicher Übereinstimmung mit den ästhetischen Forderungen des Dichters entstanden und spiegeln dessen Klangvorstellungen. Zu Recht dominieren jene beiden Komponisten aus der Berliner Liederschule, die vor allen anderen dem großen Weimarer Klassiker in seinem mittleren und späten Lebensabschnitt freundschaftlich verbunden waren. Johann Friedrich Reichardt (gest. 1814) und Carl Friedrich Zelter (gest. 1832) trafen so mustergültig den rechten Ton, dass Goethe noch 1823 Zelters Gesänge als „das Unvergleichlichste, was ich in der Art kenne" loben konnte. Indem Reichardt immer differenziertere Ausdrucksmittel suchte und fand, die sich nach zahlreichen Drucklegungen auch heute noch nachvollziehen lassen und die vom schlichten Strophenlied über romantisch getönte Stimmungsgesänge bis zu epischen „Deklamationen" reichen, bereitete er tonangebend das Kunstlied der Schubert-Generation vor. Dabei hütete er sich, „falsche Teilnahme am Einzelnen" aufkommen zu lassen und die Verse nicht mit allzu viel Harmonisierung und Accompagnement zu vergewaltigen. „Starkes Declamieren" in genauester Übereinstimmung mit dem Vers zeichnet Singstücke wie „Gott", „Rhapsodie", „Einziger Augenblick" oder „Feiger Gedanken" aus und hebt diese bedeutungsvoll ab von den gängigen Arietten und Liedern im idyllischen Volkston, wie sie damals als Dutzendware produziert wurden. Kennzeichnende instrumentale Begleitfiguren wie in „Die schöne Nacht" oder „Mut" sind als durchgehender Tonteppich geschichtlich als Vorklang auf das Stimmungslied zu werten.

JOSEPH HAYDN

Es war im Jahre 1778, als Kaiser Joseph II. in Österreich die Oper in Wien mit Umlauffs „Bergknappen" auf den Weg brachte. Nicht etwa zufällig zur gleichen Zeit kam die erste Sammlung deutscher Lieder mit Klavierbegleitung unter der Leitung eines Herren Steffan heraus. Um alles Liedschaffen zuvor, also mit dem barocken Lied, war es in der Kaiserstadt ziemlich armselig bestellt, und das schon seit langer Zeit. Das Lied litt vornehmlich an einer in Italien sich vordrängenden Herrschaft von Opera seria und Opera buffa. So bemerkt der besagte Anton Steffan als erster Lied-Herausgeber: „Diejenigen, welche unter dem Schwalle welscher und französischer Gesänge, die man in allen Häusern, in den meisten wenigstens, auf dem Klavier findet, werden oft vergebens ein deutsches Lied suchen". Ein solches hören wir in dem an Fremdsprachen reichen Wien des Christoph Willibald Gluck, aber auch aus dem des eher deutschtümelnden Joseph Haydn. Fast wäre das Lied am Ort seiner Entstehung ohne Widerhall beim Publikum und somit ohne Möglichkeit einer fortwirkenden Existenz versauert, wenn es sich nicht zunächst dem Stil des zierlichen italienischen Bühnengesangs angeschlossen hätte.

Noch mischte sich hindernd eine gewisse Literaturferne ein, sodass Johann Friedrich Reichardt 1796 bedauern konnte, dass er in seine „Lieder geselliger Freunde" nichts von den „mit Recht so verehrten Männern" wie Haydn, Mozart oder Dittersdorf aufnehmen konnte. Dabei wissen wir aus einem Brief von Mozarts Frau Konstanze an den Verleger Breitkopf, dass sich ihr Mann ein Buch mit einem Vorrat vertonbarer Texte angelegt hatte. Jedenfalls scheint er sich in der Dichterwelt heimischer gefühlt zu haben als Haydn, wie es eine Briefstelle belegt, als der die Vertonung einer ganz im Stile Klopstocks gehaltenen Ode von Michael Denis 1782 unvollendet abbrach. „Die Ode ist erhaben, schön, alles, was Sie wollen, – allein zu übertrieben schwülstig für meine feinen Ohren..." In Wien verlange man Lieder, entweder so platt, „dass es ein Fiacre nachsingen könnte, oder so unverständlich, dass es ihnen, eben weil es kein vernünftiger Mensch verstehen kann, gerade eben deswegen gefällt."

Nachdem 1782 ein erstes Dutzend deutscher Lieder veröffentlicht war, bat Haydn seinen Mann des Vertrauens Greiner um eine zweite Handvoll Texte, „aber nur gute und mannigfaltige, damit ich dabey Wahl habe, denn es fügt sich, dass mancher Text eine wahre Antipathie wider den Componisten oder der Componist wider den Text hat."

Als die ersten Hefte fertig waren, sang Haydn sie am Klavier seinem Freunde Stadler vor und meinte brieflich, dass „sie durch mannigfaltigen, natürlichen, schönen und leichten Gesang vielleicht alles Bisherige übertreffen würden". Hier haben wir es gleich zu Beginn mit einer zutreffenden Schilderung all dessen zu tun, was seither den Liedgesang ausmachte, gleich in welchem Stil oder zu welchem Zeitpunkt. Tonangebende Kritiker wie Cramer oder

Forkel, mit dem inneren Ohr noch bei den Formeln des Rokoko, verrissen die Stücke freilich als „eines Haydn nicht würdig".

Anton Steffan als erster Lied-Herausgeber: „Diejenigen, welche unter dem Schwalle welscher und französischer Gesänge, die man in allen Häusern, in den meisten wenigstens, auf dem Klavier findet, werden oft vergebens ein deutsches Lied suchen". Dies hören wir aus dem an Fremdsprachen reichen Wien des Christoph Willibald Gluck.

Oft fühlt Haydn stark mit seinen Liedinhalten, stellt also direkt einen Bezug zur eigenen Person her, wie in dem etwas angestrengten „Gebet an Gott", beim „In nomine Domini" (zur Abreise von England), beim elegischen „Auf meines Vaters Grab" oder dem gleichsam mit Hornsatz experimentierenden „Abschiedslied". Aber hier bleibt der Meister hinter den Erwartungen etwas zurück. In Griesingers Haydn-Erinnerungen liest man: „Er beklagte sich übrigens, dass unsere deutschen Dichter nicht genug musikalisch dichteten, denn eine Melodie, welche für die ersten Strophen passe, füge sich selten zu den folgenden; oft sei der Sinn in der einen Zeile geschlossen, aber nicht in der, welche ihr korrespondieren sollte; man sey auch nicht sorgfältig genug in der Wahl der Vokalen." Da hatte der göttliche Goethe ein musikalisches Machtwort gesprochen, das bis auf den Tag Wirkung zeitigte. Die Dichter aus der neuesten Periode kannte Haydn nur wenig, und er gestand es gern, dass er sich in ihre Ideenreihen und ihren Ausdruck nicht recht finden könne. Bei den dreigeteilten Strophen von „Lachet nicht, Mädchen" trifft er charmant den Mozart-Ton, und aus „Ich bin vergnügt" von Wilhelm

Ludwig Gleim (1719 – 1803) kann ein geschickter Vortragender viel an Wirkung herausholen. Haydns Größe zeigt sich überhaupt eher bei scherzhaften Texten, so in „Eine sehr gewöhnliche Geschichte“, die in pointierter Knappheit ein Vorläufer des „Spinnliedes“ aus den „Jahreszeiten“, übrigens vom gleichen Dichter, geworden ist. Ebenso treffend gelingt die wieder von Christian Felix Weiße (1726 – 1804) stammende „Zu späte Ankunft der Mutter“: Höchst geistreich überlässt Haydn neben den sonst vorherrschenden vier Hebungen in den dreihebigen Eröffnungszeilen die erste jeweils dem Klavier allein.

Wo liegt die musikalische Heimat des Wiener Salonliedes? In der Welt der Sonatine. Gotthold Ephraim Lessings (1729 – 1781) „Lob der Faulheit“ lässt den wahren Haydn aus dem bewusst unernsten Pathos des Gedichts sprechen, umso aufmunternder und ergötzender, als ja bekannt ist, dass Haydn selbst ganz sicher einer der fleißigsten Meister von allen war. Ein treffsicheres Erfolgsstück für jeden Publikumsfänger.

Für den ernsten Liedstil Haydns der achtziger Jahre des Jahrhunderts steht seine Vertonung von Gleims „Das Leben ist ein Traum“, arios und mit eindrücklichen Momenten, leider gelegentlich ins Alltägliche zurückfallend. Später gelang auf diesem Felde ein Treffer mit der Hymne „Gott erhalte Franz, den Kaiser“; im Januar 1797 unter dem Eindruck englischer Nationalgesänge auf den Text eines früheren Jesuiten namens Haschka geschrieben. Schon wenige Wochen später sang man das Stück von allen österreichischen Podien, und Haydn selbst maß der vollendet geglückten Melodie in den Variationen seines „Kaiserquartetts“ besonderen Wert bei. Auch spielte er sie in seinen letzten Lebensjahren an jedem Tag auf dem Klavier. Als 1841 der Dichter Heinrich Hoffmann von Fallersleben (1797 – 1874) sein „Deutschland, Deutschland über alles“ unterlegte, wurde er zum Dank aus seiner Professur in Breslau im nächsten Jahr vertrieben. Seit etwa 1922 wurde das Stück durch den Reichskanzler Friedrich Ebert zu unserer Nationalhymne erklärt, auch wenn wir uns heute mit dem zweiten Vers begnügen.

Die Erfahrungen in England befruchteten Haydns Schaffen noch auf andere, glücklichste Weise. 1794 bis 1795 schrieb er in London auf Verse der Mrs. Anne Hunter 14 Canzonetten in der Landessprache. Zunächst erschienen sie in der englischen Hauptstadt und erfuhren auch schon dort ihre ersten Verdeutschungen. In dieser Gestalt gab Haydn die ersten sechs als drittes Heft seiner deutschen Lieder heraus, die Nummern sieben bis zwölf 1798 als viertes Heft und die beiden letzten in Einzelausgaben. Diese Stücke sind schon deshalb hochbedeutend, weil man sie als unmittelbare Vorstudien zu den ariosen Nummern der beiden großen Oratorien bezeichnen darf; groß im Ausdruck, anspruchsvoll im Gesanglichen, reich an Motivik und Harmonie-Rückungen, die Begleitungen fast wie verkappte Klavierauszüge eines höchst farbigen Orchesters. An der allgemeinen Prachtentfaltung sind die schönen Gedichte nicht unbeteiligt, neuartiger Stoff des „Meermädchenliedes“, der Matrosengesang, die Berührung mit Shakespeares „Was ihr wollt“, all das hat in Haydn tiefe Quellen aufbrechen lassen und mitgewirkt bei der erstaunlichen Spätblüte jener Jahre. Diese „Canzonettas and Songs“ bewirkten auch für die Geschichte des deutschen Klavierliedes unschätzbare Anregung. So darf man sich bei „Rückerinnerung“ vorstellen, dass Beethovens „Adelaide“ nicht mehr völlig voraussetzungslos das Licht der Welt erblickte. In dem Balladenstück „Treue“ und seinem meisterlichen Nachspiel, auch mit dem quasi-Ossianschen „Greisengesang“ oder dem „Wanderer“, benutzt der greise Zauberer aus Rohrau schon Schubertische oder Loewesche Töne, vor allem, wo sie sich wild und unheimlich gebärden. Aus dem letzten Haydn ist sicherlich einer der merkwürdigsten „Vor-Zusammenfasser“ in der ganzen Musikgeschichte geworden. Fast ohne Ausnahme sind diese Stücke hochbedeutend. Zwar lässt sich der gewaltige Schritt zwischen dem dritten und vierten Heft mit Sololiedern kaum erklären, aber vielleicht durch das Faktum überbrücken, dass das Liedschaffen Mozarts inzwischen wenigstens zum entscheidenden Teil öffentlich geworden war. Rührend und erhebend zugleich, dass der ältere Meister bei dem jüngeren Freund nicht selten in die Schule ging.

WOLFGANG AMADE MOZART

Etwas mehr als 30 Sololieder hinterließ uns Mozart, von denen zu seinen Lebzeiten nur sieben gedruckt wurden. Viel Gefälschtes stahl sich dazu, das später von dem Musikforscher Nottebohm wieder beseitigt wurde. Wenn man sich mit Hilfe des Köchel-Verzeichnisses die chronologische Folge der jeweiligen Entstehungszeit ins Gedächtnis ruft, kann beobachtet werden, dass die gesamte Schaffenszeit hindurch immer wieder einmal – wenn auch sporadisch – die besondere Couleur des Liedes das Genie Mozart beschäftigte. So etwa kurz vor dem „Figaro" die Lieder nach Weiße, die sieben Nummern im Jahr des „Don Giovanni", oder die drei Stücke zu Beginn des Sterbejahres.

An den Anfang der ernster zu nehmenden Liedschöpfung, aus dem Nachlass eines seiner Söhne gerettet, trifft das Liebeslied des Siebzehnjährigen auf einen Text von Günther, „Was ich in Gedanken küsse". Die altkluge Vorschrift – „Im Tempo eines gewissen geheimen Vergnügens" – soll wohl einfach verschmitzt und schwärmerisch bedeuten. Sicher auch deshalb verblieb das kleine Stück beim gepuderten Zuviel an verzierenden Noten. Der Sechszeiler a-a-b-c-c-b ist in zwei Melodiezeilen untergebracht, deren zweiter sich, trefflich weiterführend, aus Motiven des ersten nährt. Kleine Akkordbrechungen in der Begleitung der linken Hand wirken im Klang reizvoll, und in den ungeduldigen Punktierungen zittert einer in Richtung eines uns unbekannten „Bäsle" der voraugsburgischen Zeit Mozarts.

Die beiden französischen Stücke des 22-jährigen für die Mannheimer Freundin Gundel Wendling tendieren aus Mozarts deutschem Stil hinüber in die damalige Pariser Lebendigkeit, sodass sie eigentlich nicht nur als Vorstufe gelten können. Mozarts Vertonung des „Was trag ich viel" nach J. M. Miller hat sich weniger durchsetzen können als die Version von Neefe, die sich lange im Volksmund erhielt.

Zwischen den Opern „Zaide" und „Idomeneo" pflegt man datierte Lieder für den Roman „Sophiens Reise" anzusetzen, aber oft fragte man sich, ob sie nicht in eine spätere Zeit gehören. Die chromatisch absinkenden Bassterzen, der dissonante Anfang des zweiten oder das dem Sarastro nahe Einsehen der Melodie im dritten lassen an die volle Reifezeit denken. Speziell von diesem letzten Stück weisen direkte musikalische Spuren zu Beethovens Gellert-Liedern hinüber, übrigens nach ähnlicher Feinsinnigkeit und Reizsamkeit verlangend wie diese.

Damals griffen die intensiven Interessen am Singspiel oft in Mozarts Liedschaffen ein. So darf man feststellen, dass das schmunzelnd übermelancholische Lied des Osmin „Wer ein Liebchen hat gefunden" sein leichteres Gegenstück in „Männer suchen stets zu naschen" findet. Dass es sich hier um ein Detail aus einem unbekannten Singspielobjekt handeln könnte, dafür spricht die ursprüngliche Besetzung für Solo-Bass mit Orchesterbegleitung, von der erst A. E. Müller eine Fassung mit Klavier herstellte.

Erst wieder 1785 regt sich der Liedmeister Mozart, diesmal mit kostbaren Gaben. Das Freimaurerlied „Gesellenreise" will zwar noch nicht allzu viel bedeuten, so italienisch es auch melodisiert ist, und es lässt sich durchaus bezweifeln, ob der Klavierpart wirklich für Orgel bestimmt war. Nicht zu unterschätzen sind die drei Lieder nach Weisse. „Der Zauberer" („Ihr Mädchen, flieht Damöten ja") offenbart sich als weit persönlichere Äußerung als es ein zierliches deutsches Rokoko zugelassen hätte. Mozart lässt das arkadische Mäntelchen hier einfach fallen und zeichnet ein dramatisch packendes Bild von einem jungen Mädchen, das soeben durch alle Schauer der Liebe gegangen ist und nun mit geröteten Wangen unter ihre Freundinnen tritt. Dem Text gemäß fällt „Die Zufriedenheit" neutraler aus, fesselt aber durch die fünftaktigen Melodiezeilen, in die Mozart die Vierheber mit Dehnung quasi weiblich ausklingen lässt.

Wieder zum dramatischen Typ gehören „Der reiche Tor" oder „Die betrogene Welt", und es ist kaum zu verstehen, dass Friedländer sie in seiner Ausgabe bei Peters einfach fortlässt. Doch nun zum Glanzstück „Das Veilchen", dessen Klein-Dramatik in „Dans un bois" einen Vorläufer gefunden hatte. An den verschiedenen Lesarten lässt sich nachweisen, dass Mozart den Text der Sammlung Steffan entnahm, die aber als Vertonung kurios weit hinter Mozart zurückbleibt. Hier bei Mozart haben wir es mit völligem Neuland zu tun. Sehen Sie nur den wagemutigen Eingriff, nach dem seltsam abgebrochen klingenden Goethe-Schluss „zu ihren Füßen doch", um mit zwei Wiederaufnahmen „Das arme Veilchen" und dann „es war ein herziges Veilchen“ einen runderen Schluss zu gewinnen. Zwar wurden Stimmen laut, Goethe hätte solche Änderung übel vermerkt; aber nichts Derartiges ist nachgewiesen, obwohl er ziemlich sicher die Komposition kannte. Als Philister einzugreifen, hat sich Goethe auch bei Zelters „Epiphanias“ oder Beethovens „Wonne der Wehmut“ verkniffen. Neu war ferner die Art der Umformung eines im Grunde lyrischen Gebildes zum gelegentlichen Recitativo accompagnato. Andererseits holte Mozart jedes ihm mögliche rein Gesangliche ans Licht. Seine Natürlichkeit des Vortrags führte ihn fast zwangsläufig zu einer an Glucks Reformopern erinnernden Unregelmäßigkeit bei der Bildung von Perioden. Auch bleibt zu bewundern, mit welch geringen Mitteln Mozart jeden Affekt der Stimme im Klaviersatz nachzeichnete.

Mit gewollt altertümelndem, etwas weinerlichem Ton eröffnet die Liedgruppe von 1787 streng strophisch mit „Die Alte“ nach Hagedorn. Das Scherzhafte kommt eigentlich nur durch die Vortragsanweisung „Ein wenig durch die Nase“ zum Vorschein. Herrlich und bedeutsam wirkt die leidenschaftliche Klage in f-moll aus dem „Trennungslied“, dessen Text von Eberhard Karl Klamer-Schmidt stammt. Das sechs Minuten dauernde Meisterwerk aus dem Jahr des „Don Giovanni“ gehört zu den herrlichsten Tenorstücken, die man sich denken kann; selbst wenn sich ein Bariton damit abmüht, wie ich es getan habe. – Lyrische Energie in der Art Franz Schuberts verströmt zugleich mit eigentlich bildhaft aufzüngelnden Flammen „Als Luise die Briefe ihres ungetreuen Liebhabers verbrannte“. Das Gedicht rührt von der erst 1839 in Wien verstorbenen

Gabriele von Baumberg. Dem Opernstil ähnlich nahe hält sich das berühmte Ariettenstück „Abendempfindung“ nach Johann Heinrich Campe (1746 – 1818), das ich mit besonderer Begeisterung gesungen habe. Fast alle Strophen sind durch ein klammerartiges Motiv miteinander verflochten, worüber es seit Abert unendliche literarische Auslassungen gibt. Viel gesungen wurde einst „An Chloe“, das sich fast wie eine etwas wunderliche Reihung von Lieblingsmotiven Mozarts ausnimmt. Wir sollten uns besser daran erinnern, wie zentral in Mozarts Schaffen die kleine Ariette zu platzieren ist. Und wie die Motive mischt sich in engster Verquickung Ernst („Sterben“ oder „düstere Wolke“ als Stichworte) mit Scherz (“glühen, küssen, zittern“).

Direkt aus Joh. Heinr. Campes „Kinderbibliothek” entnahm Mozart das elegische „Traumbild“ nach Ludwig Hölty1 (1748 – 1778) – neben „Des kleinen Fritz Geburtstag“ – als Gelegenheitsgabe. Das erstere sollte man mit dem stofflich so ähnlichen Lied nach Schenkendorf aus Brahms op. 63 zusammenhalten, um die unterschiedliche Schreibweise zu ermessen. Nichts besonders Neues bringen „Die kleine Spinnerin“ oder das „Deutsche Kriegslied“ ins Spiel, erst recht nichts Neues die beiden Kinderlieder des letzten Jahres, für die beiden kleinen Söhne geschrieben. Noch heute lebt „Komm lieber Mai und mache“ in vieler Kinder Mund. Wieder einmal zu bewundern bleibt die Kunst der Melodienbildung bei einfachsten Mitteln. „Das Kinderspiel“ wurde ein köstliches Tanzstückchen trotz der trockenen Reime von Christian Adolf Overbeck (1755 – 1826).

Damit bricht das Klavierlied in Mozarts Schaffen schon ab, und daran ändert auch die Tatsache nichts, dass das so viel unter seinem Namen gesungene „Schlafe, mein Prinzchen, schlaf ein“ erst 1796 entstanden ist und von dem Berliner Arzt Bernhard Flies herrührt.

LUDWIG VAN BEETHOVEN

Durch die Sicht auf die Lieder von Mozart sollte uns bewusst geworden sein, wie es sich dort immer noch um hauptsächlich musikalisches Material handelt, das auf sehr persönliche Art zu einer perfekten Vorbereitung auf das mehr von der Literatur gestützte Liedschaffen Beethovens diente. So konnte dieser auf die höchste Höhe bringen, was als dauerndes Ganzes nunmehr Kunstlied heißen durfte.

Das konnte nicht verhindern, dass sich der vokale Anteil an Beethovens Schaffen durch den instrumentalen Meister mitunter überschattet ausnimmt. Das hatte denn auch bis in meine Tage die Ansicht verfestigt, Beethoven ließe sich nicht singen. Furtwängler vertrat mir gegenüber gar noch die Meinung, ein ganzer Abend mit Beethoven „ginge nicht“. Das habe ich – so glaube ich – eine ganze Laufbahn hindurch widerlegt.

Ganz schlimm steht es um die Meinung, Beethoven habe von der Stimme nichts verstanden. Die überschauende und stets an allen, auch rein instrumentellen Arten der Melodik feilenden Sichtweise seines Genius beweist uns immer wieder das Gegenteil. Denn mit Haydn oder auch Brahms und vielen anderen, deren Gesanglichkeit niemand bezweifelt, teilt er die deutsche, weil deutschsprachige Art des Singens, deren Ausführung zweifellos ihre besonderen Tücken hat. Wer sich jedoch mit dem dazu notwendigen Fleiß in diese Besonderheit sängerisch einlebt, wird sich gegen den Konsonantenreichtum und die häufig jede Silbe mit nur einer Note wiedergebende deutsche Art nicht mehr wehren wollen. Ihm kommt Beethovens Instrumentalstil zu Hilfe, der mehr geistigen als sinnlichen Ausdruck spiegelt.

Der Zeitgenosse, Kritiker und Schriftsteller Rochlitz behauptete, Beethoven habe geäußert: „Ich schreibe nicht gerne Lieder“. Dem widerspricht die Zahl von 79 deutschen Sologesängen, plus 14 erst in der Gesamtausgabe erschienenen und 16 verschollenen Liedern. Zum anderen beachte man die echte Gesanglichkeit vieler Instrumentaleinfälle, die seit den Tagen Friedrich Silchers so manche Textunterlegungen sich gefallen lassen mussten.

Ganz abgesehen vom Schicksal des Meisters selbst, der sich seit 1811 bis heute als Liedmeister immer von neuem schmähen lassen musste, er habe zu formalistisch, zu wenig gemütvoll geschrieben. Er sei dem Wort zu verpflichtet gewesen, ein Vorwurf, der ja auch mich immer wieder traf, da das Feuilleton noch immer nicht verstanden hatte, welche neuen Elemente mit Beethoven in die Komposition deutschen Ursprungs Einzug gehalten hatten.

Unverständnis war es, das nur der „Adelaide“ und dem Liederkreis „An die ferne Geliebte“ meisterhaftes Können und die auf Schubert vorbereitende Wirkung zugestand. An den öffentlich als „Sorgenkinder“ schimpfierten Kindern der Beethovenschen Muse hatte ich immer besondere Freude. Ganz herrlich erschien mir immer die Vorwegnahme von „unendlichen Melodien“ in der zweiten Fassung von „An die Hoffnung“ nach Tiedge.

Richtig dagegen wurde behauptet, das Verständnis für Beethovens Lieder sei weniger aus der Abfolge von Beispielen zu gewinnen als aus der Totalität seiner Wesensart. Kaum noch wird auch von den Liebhabern wirklich erinnert, dass er sich, wie Haydn, Hummel oder Weber, nicht weniger als 164 schottischen, irischen, walisischen und auch italienischen Volksliedern – als Gesängen mit Triobegleitung – im Verlauf von fünf Jahren gewidmet hat, nicht etwa Verlegerwünschen entsprechend, sondern eher der Umschau eines Herder gleich.

Bleiben wir aber bei den deutschsprachigen Gesängen. Das Musikantisch-Spielerische bei Haydn schlug sich bei Beethoven nieder, oder das Musikalisch-Regelhafte bei Mozart fand Spieglung im zumeist grundsätzlich menschlichen, persönlichen Bekennen. Gleichsam als Monolog bringt er Hoffnung, Sehnsucht, Würde, Gottglauben oder Freude bevorzugt zum Ausdruck. An dichterische Einzelheiten klammert er sich selten. Seit 1820 hörte er auf, Lieder zu schreiben. Es scheint, als ginge alles bis dahin Gesagte nunmehr in die Monologe der letzten Klaviersonaten oder Streichquartette ein, freilich nicht der Theorie von Arnold Schering folgend, wir hätten in ihnen nun ständig versteckte Lieder und Szenen zu suchen. Seine sehr auf sich selbst bezogene Wahl von Texten bevorzugte höchstens im ersten Jahrzehnt des 19. Jahrhunderts, mit einigen Liedern nach Johann Wolfgang von Goethe (1749 – 1832), einen verehrten Dichter auf besondere Weise. Es mag sich hier um einen Autor gehandelt haben, den er als seiner Musik nahestehend empfand, den er liebte und bewunderte. Wir dürfen annehmen, Beethoven sei sich der Tatsache bewusst gewesen, dass die immer wieder vertonten Poeten wie etwa Tiedge (1752 – 1541) oder Matthisson (1761 – 1831) von seiner Musik mehr als verdient gewürdigt erschienen, sich aber mit Goethe nicht messen konnten. Immerhin fand er bei den Genannten die zur Formel verdichteten, basalen Wahrheiten, von denen er öfter zu Schindler gesprochen hat. Selten ließ der Meister die Texte ganz unverändert stehen, bald ließ er aus, bald änderte er ab, erlaubte sich kleine Zusätze wie „Ja!". Sie sind nicht nur stets von inniger Empfindung getragen, sondern machen den Eindruck, als horchten sie nachdenklich in das klingende Verhallen hinein.

So verwundert es nicht, dass der ohnehin mühsam arbeitende Beethoven mit der Aufgabe der Textvertonung mitunter verzweiflungsvoll gerungen hat. Es gibt in den Skizzenbüchern eine Unzahl von Ansätzen zu dem Anfang von „An die ferne Geliebte". Genauso bedenkenswert wirken die vier 1808 herausgegebenen, also schon gedruckten Versionen von „Nur wer die Sehnsucht kennt". Wir dürfen es als ein huldigendes Geständnis werten, wie sein Eifer sich mit der Bezwingung einer seltsam vieldeutigen Stimmung dieses Gedichts abplagte.

Ich würde dem Sänger davon abraten, sich diesem Liedschaffen ausschließlich vom Belcanto her zu nähern, denn das kann der Wesensart des Komponisten nicht entsprechen. Man sollte es mit einer aus dem deutschen Sprachton und der erlernten Lautgebung gewonnenen Ganglichkeit, unter besonderer Berücksichtigung des stets geforderten legato behandeln. So hat es Beethoven selbst bei seiner „Resignation“ nach Graf von Haugwitz vorgeschrieben. „Mit Empfindung, jedoch entschloßen, wohlakzentuiert und sprechend vorzutragen“. Das gilt für fast all seine Lieder. Aber man übersehe nicht die große Mannigfaltigkeit von sich aus dem Inhalt ergebenden Farben. „An die Hoffnung“ als strenges Strophenlied op. 32 oder als durchkomponierte große Arie mitsamt vorangestelltem accompagnato op. 94, diese Beispiele bezeugen die Spannweite der Liedtypen. Etwa in der Mitte solcher „Farb“-Unterschiede denke ich mir „Mephistos Flohlied“, ein Strophenlied mit freiem Finale. Balladenhafte Ansätze, etwa zu Goethes „Erlkönig“, scheinen von Beethovens Wesensmitte zu weit weg gestanden zu haben und blieben im Entwurf stecken.

Beethovens Lieder in der Reihenfolge für den Konzertgebrauch zusammenzustellen, kann den Weg aus dem in Konventionen gebundenen 18. Jahrhundert vorzeichnen und zu einer reinen Äußerung der Persönlichkeit führen. So erweist sich auch Beethoven als nicht unabhängig von fremden Mustern, wenn er Lieder schreibt, auch Liedhaftes bei Instrumentalwerken. Das einer Polonaise ähnelnde „Urians Reise“ lässt an Sperontes denken, „Das Blümlein Wunderhold“ an die erste Berliner Liederschule. Die „Elegie auf den Tod eines Pudels“ von 1787 bedient sich einer hyperpathetischen Gefühligkeit, die Beethoven bald wieder verließ. „La marmotte“, mit nur einer Strophe von vielen aus der Revue Goethes „Jahrmarktsfest zu Plundersweilern“, lässt vermuten, es sei nach einem französischen Vorbild gearbeitet. „Ich, der mit flatterndem Sinn“ von Gleim könnte seine Begleitung an Finalmusiken von Salieri ausgerichtet haben. Fast muss es verwundern, dass Beethoven die Kriegslieder der ersten Wiener Jahre noch als op. 52 hat herausgeben lassen, wohl weil sie für ihn den ganz persönlichen Wert einer Erkundung bedeuteten.

Den Durchbruch des ganz Eigenen schafft die „Adelaide" von 1795. Die Literaturgeschichte offenbarte, wie ihr Dichter Matthisson, aber auch Hölty etwas wie eine abschließende Vollendung deutscher Lyrik des 18.Jahrhunderts markieren. Da konnte Neues zunächst nicht mehr in wirklicher Weiterentwicklung zu denken sein. Ein revolutionärer Einbruch musste erfolgen, wie ihn erst Goethe zustande brachte. So gesehen, bedeutete Beethovens Vertonung der „Adelaide" einen titanischen Griff, mit dem auch der rasch dahinkeuchende Schluss über das zerbrechliche Alte hinweg die Entwicklung des Liedes ins nächste Jahrhundert zwang.

Dass die Lieder nach Christian Fürchtegott Gellert (1715 – 1769) einen sich gleichsam entziehenden Sonderstil darstellen, bedeutet noch nicht den Endpunkt der Liedentwicklung Beethovens. Das könnte eher die „Resignation" von 1817 oder das „Abendlied unter dem gestirnten Himmel" darstellen, welch letzteres um 1820 wohl das späteste Lied geblieben ist. Ersteres hat drei Teile und beschränkt sich auf „barocke" Dreistimmigkeit, entspricht andererseits mit der Oktavierung nur zweistimmiger Strecken einer Vorstellung klanglicher Armseligkeit, der mit der Düsternis des Gedichtes absolut konform geht und auf Versuche der Charakterisierung etwa bei Hans Pfitzner vorausweist. Im „Abendlied" bewirkt die Simplizität der Akkordwiederholungen Ähnliches. Die ersten Zeilen geben sich empfindsam, während die letzten eher dem Geselligen zuneigen. Damit sei kein Werturteil gefällt, denn die Idee des nahenden Todes durchweht das ganze Stück derart, dass die zeitliche Nachbarschaft zur 9. Symphonie einen der Zielpunkte Beethovenscher Klassik nahelegt. Denn Schuberts oder Loewes Lyrik speisen sich aus anderer Quelle als aus solcher Erhabenheit. Sie ähnelt einer Reihe von Gottheiten, denen in entrückter Andacht Opfer gebracht werden.

FRANZ SCHUBERT

In einer Zeitspanne von nur siebzehn Jahren, nämlich von „Hagars Klage“ bis zur „Taubenpost“, wuchs ein Schatz von mehr als 500 Schubert-Liedern, der eine Welt für sich umschließt, kaum einzuschätzen im Reichtum seelischen Gehalts, in der Vielfalt der Formen, in der Plastik bleibender Einfälle an Melodien. All dies verbindet und eint ein persönlicher Stil und ein Flair von Anfang bis Ende. Warm, weich und schwellend begegnet uns eine etwas abgedunkelte Klangwelt in Melos und Harmonie. Nicht das Gedankliche, vom Willen diktierte, behält hier die Oberhand, sondern ein von den Sinnen geleitetes Müssen, ein Naturgefühl, wie wir es nur noch bei Goethe finden. Wobei sich das Sichtbare, Äußere nicht vordrängt, sondern alles Ursprüngliche, Elementare, das jeder Reflexion eigentlich spottet, züchtig unterwirft. Kein Wunder, dass dies den Österreicher immer wieder zu Goethe führte, und hier wuchs er auch zum Größten seiner Schaffenskraft, beginnend mit der Atemlosigkeit des in sehr jungen Jahren entstandenen „Erlkönig“.

Die Entwicklung seiner Liedwelt darstellen zu wollen, hieße die vollständige Biographie seines kurzen Lebens nachzuzeichnen. Wie hoch man seine Kammermusik, seine Symphonien oder Chöre auch schätzt, so sehr man sie verehrt und liebt, – das Lied bezeichnete unzweifelhaft sein spezielles Hauptgebiet, dem er am innigsten anhing. Und hier lässt sich auch seine Bedeutung am klarsten erkennen: weder auf den vom Klassizismus herkommenden „Romantiker" noch auf den Wiener lässt er sich einengen, er vertrat weder nur den biedermeierlichen Vormärz noch die Zeit Metternichs, er umfasst mit seinem Namen, von schlesisch deutsch-mährischer Herkunft, den Europäer.

Mit vierzehn Jahren, eng am Schaffen von Zumsteeg orientiert, dem er in „Hagars Klage" in Teilen notengetreu nacharbeitete, begann sein Liedschaffen. Dann wandte er sich mit etwas frustrierend langweiligen Balladen vornehmlich Friedrich von Schiller (1759 – 1805) zu und einmal Matthisson. In den verglühenden Ossian-Stimmungen gewann er eine bis dahin unbekannte Vielseitigkeit des Ausdrucks. Da er sich den Wiener Fortschrittsdichtern jener Tage gleichwohl nicht entziehen konnte, fiel ihm als Hilfslehrer vom Himmelpfortgrunde der gewaltige Schritt zu „Gretchen am Spinnrade" und „Erlkönig" umso leichter. Die Widmung an Moritz Graf von Dietrichstein wandte sich an diesen als Liederkomponisten. Was macht den besonderen Zauber beider Stücke aus? Dass äußere und seelische Regung mit gleichbleibendem musikalischem Motiv deckend und erschöpfend zugleich dargestellt sind. Gewiss beschreibt eine beibehaltene Figur das Surren des Spinnrades, das gegen Ende sogar einmal stehen bleibt und nur mühsam wieder in Gang kommt (Herausforderung für den Pianisten); doch bietet das nur einen kompositorischen Anhaltspunkt, denn ihr Essentielles beruht in aufwühlender Schwermut, quälender Sehnsucht, die sich in zweimaligem großen Bogen unter geballten Harmoniewechseln entlädt.

Unter den Kernstücken, die zeitlich vor der „Schönen Müllerin" anzusetzen sind, steht „An Schwager Kronos", mit leeren Oktaven, die das Holpern über Stock und Stein bezeichnen. Beim beibehaltenen Schritt bereichern Bassseufzer das Bild, „hoch, weit, herrlich" türmen sie sich zu mächtigem Gang auf und besänftigen sich fast zu Tänzerischem, „Seitwärts des Überdachs Schatten". „Mir auch" wandelt die fortlaufende Achtelbewegung zum spielerischen Wirbel des „schäumenden Tranks". Bei den Worten „Ab denn, rascher hinab" gibt es nicht etwa eine Zeitbeschleunigung. Nach vielem p oder pp, gleichsam als Intimisierung, folgt in schärfster Konsonantenhäufung wieder ein ff. Uns sollte ein „Feuermeer mir im schäumenden Aug" weder hörend noch singend erspart bleiben. Eine derartige Phantastik hatte die Weltmusik noch nie erlebt, und erst in Schuberts Tönen ist zugleich der Sinn des Goethe'schen Gedichts „An Schwager Kronos" völlig enträtselt worden.

Der große Monolog des „Prometheus" lässt daran denken, was Schubert als Musikdramatiker bei wenig mehr Lebensjahren und mit einem großen Librettisten hätte erarbeiten können. Mit zweiundzwanzig Jahren steht er hier zwischen Gluck und Wagner, mit mehr Temperament ausgestattet als die beiden und zudem als einfallsreichster Musikant. Hugo Wolf dagegen lässt seinen „Prometheus" gänzlich zur musikdramatischen Gestalt werden und erreicht damit höchstens größere Einheit der Form. Bei Schubert bleibt immer eine Verbindung zum Lyrischen bestehen und lässt die künstlerische Wirkung ganz ohne Sorge vor dem p gewinnen.

Wie vielseitig sich die Muse Schuberts gegenüber solchen Entladungen des Temperamens erweist, zeigt die Nr. 2 des Opus 14 „Geheimes", Goethes „Westöstlichem Divan" entnommen. Ein kleines Zweinotenmotiv genügt völlig, um das Zwinkern der Geliebten mit den „Äugeln" zum Symbol werden zu lassen, das keinen Augenblick während des ganzen Liedes still stehen muss.

Dass Schubert es wagte, übermenschliche Gestalten mythologischen Ausmaßes in „Grenzen der Menschheit" oder „Ganymed" frischweg mit seinen Tönen zu vermählen, war ebenso kühn wie neuartig und ohne seine hellsichtige Naivität kaum vorstellbar. Nicht wie bei Schiller schrumpft hier Gedankliches bis zur Abstraktion. Goethe schon brachte es fertig, alles vom Verstand diktierte in Gefühl umzuschmelzen, was Schubert die Chance bot, die gemeinsame Basis mit der Musik aufzuspüren, mit Tönen, die aus dunklen Schichten ans Licht gehoben scheinen. Ob Bass oder hohe Lage: schon die verwendeten Stimmgattungen sagen viel über das ihm vorschwebende Ethos aus. Gedanklich mehr oder weniger Abgeschlossenes trifft auf die Anbetung des erst noch zu Erreichenden, unterstrichen von jeweils angewandten Orchesterfarben in der Klavierbegleitung.

1823 erfolgt der erste, in der gewählten Ausgiebigkeit so noch nie dagewesene Liederkreis „Die schöne Müllerin", in dem sich die poetische Naturschilderung dank größerer Zusammenhänge zu einer pastoralen Symphonik auffächert. Variierte Strophenlieder walten vor. Wie die Liednovelle von Wilhelm Müller als künstlerisches Gesellschaftsspiel im Hause des Berliner Staatsrats von Stägemann unter Mitwirkung des Malers Wilhelm Hensel und des Musikers Ludwig Berger zustande kam, wissen wir aus den Aufzeichnungen von Max Friedländer. Aus solcher Umgebung erklärt sich auch – neben einem von Schubert unvertont gelassenen Liedtext – ein ebenso romantischer wie ironischer Einleitungs- und Schlussspruch. Unbedingt zu bejahen ist die Frage, ob Schubert das Ganze als Zyklus vorgeschwebt habe. Es handelt sich bei der „Schönen Müllerin" nicht um lyrische Einzelmomente, sondern um die Erzählung menschlicher Erfahrungen im Gegensatz zur Schilderung von Seelenzuständen in der „Winterreise". Die Ausschöpfung des Worts in allen kleinen Ausdrucksnuancen, wer hätte das so beherrscht wie Schubert! Denn das darf wohl ausgesprochen werden: Schubert ist einer der tiefgründigsten Kenner des Menschenherzens aus einfacher Kraft des Durchschauens. Wir als ausübende Musiker sollten den heiligen Ernst seiner Sendung sich vollkommen entfalten lassen, die alles Menschliche aufdeckt, um es ins Ewige zu verklären.

Wie zwingend allerdings in der „Schönen Müllerin" das Zyklische sich geradezu aufzwängt, bleibt das Geheimnis des Komponisten. Ein spezielles Problem der Müllerlieder bietet der weit größer ausgefallene Teil strenger Strophenlieder. Doch bei eindringlicher Wiedergabe wird sich hier – bei etwas verlagerten Schwerpunkten der Betonung, bei veränderter Behandlung nach Klangfarben oder auch der Rhythmik des Vortrags, eine Annäherung an die variierte Strophenform ergeben, ganz im Sinne Goethes übrigens. Erst dass sich in Schuberts Liedern Wort und Ton in bisher unbekannter Weise durchdrangen, ermöglichte die erstaunliche Entwicklung dieses Zweiges der Gesangsmusik von Beethoven bis Wolf. Nie zuvor war das Klavierlied gleich intensiv aufgeblüht. Woran lag es? Hatten sich früher die Regeln des musikalischen Handwerks in den Vordergrund gedrängt, so bestimmte nunmehr die Poesie, wie die Form auszusehen hatte. Die Entwicklung von der „Weltseele" des Novalis bis zur Verengung nationaler Schulen im ausgehenden 19. Jahrhundert durchlief eine ungleichmäßige Kurve, die heute manchmal als verwirrend empfunden wird. Zu Schuberts Zeit vollzog sich für die Musiker der durch die Restauration beeinflussten Völker mehr als eine Revolution nach innen, eine Befreiung, ein Finden des Selbst.

Vielleicht hätte die Letztfassung des Entwurfs einer Grabschrift für Schubert am besten zu einer Erklärung getaugt, wie sie Franz Grillparzer formulierte: „Er ließ die Dichtkunst tönen und reden die Musik..." Aber stattdessen stand dann etwas über „Begraben von Hoffnungen" missverständlich auf dem Stein, wenn auch niemand leugnen wird, dass sich Schubert seit langem mit dem Tod befreundet hatte. Wer sonst besang ihn so oft und intensiv? Es war ein düster und angegriffen wirkender Kranker, der jenes „Fremd bin ich eingezogen, fremd zieh' ich wieder aus", mit dem der Zyklus „Die Winterreise" anhebt, komponierte. Ob er nun Wilhelm Müllers Texte gezielt oder vom Instinkt geleitet auswählte, sie gaben ihm die Möglichkeit, sein „Gastsein auf dieser Erde" musikalisch zu gestalten.

Das zweiteilige Schlussstück „Der Leiermann“ bildet einen mehr epischen Ausklang – seine furchtbar mitnehmende Wirkung beruht auf keiner Affektäußerung mehr, sondern in beinahe entmenschter Gleichgültigkeit.

Der „Schwanengesang“ nach Joh. Senn erschien etwa in der Zeit der Müller-Lieder, zusammen mit Platens „Die Liebe hat gelogen“ und kurz vor Schillers „Gruppe aus dem Tartarus“, reizvoll durch das dauernde Schwanken zwischen Moll und Dur.

Schuberts Kompositionsstil zeigt sich überwiegend vom Melodischen geprägt, so sorgfältig er auch mit dem Text umging. Ihn leitete ein Gestaltungsinstinkt, dem sich der Interpret nur mit Ergriffenheit anvertrauen kann. Ohne in den Chorus derer einzustimmen, die dem „Schwammerl“ allenfalls ein gleichsam unbewusstes Torkeln durch die fruchtbare Landschaft seiner Eingebungen zubilligen wollen, ist es gut, sich beständig an den Sinn jenes Wortes „Instinkt“ zu halten, der ja ein kaum vom Bewusstsein geführtes Wollen zum beabsichtigten Effekt hin meint. So viel Schubert von seiner Kunst auch wusste und wie souverän er über dieses Wissen gebot, so wenig vermochte es, ihn zu spalten und die Einheit des Werkes zu gefährden. Kunst wurde bei ihm immer wieder zur Natur, trieb ihn „unwillkürlich“ weiter, in jenem Sinn, um den Richard Wagner im Blick auf die letztliche Wirkung einer Musik auf die Hörer wusste und den er präzisierte.

Es ist oft auch mir vorgekommen, dass eine Programmfolge von Schubert-Liedern sich den Vorwurf des „zu Düsteren“ gefallen lassen musste. Die Hörer verlangten, schon lange vor der heute so geliebten Schwemme anspruchsfreier Gebrauchsmusik, die Töne sollten Sklaven der Freude sein. Dabei bemerkten sie nicht, wie weit die hochentwickelte Kunstmusik des 19. Jahrhunderts sich von einem schier unerreichbar gewordenen Ausdruck reiner Freude entfernt hat. Es war Schubert, der sich und seine Freunde fragte, ob es denn überhaupt eine lustige Musik geben könne. Wessen Klänge oft so ungezwungen „vor sich hin" tönen, so schlossen Schubert-Konsumenten nicht bloß vergangener Tage, der müsse doch ein vergnügtes Gemüt sein eigen nennen. Dessen ungeachtet setzte sich bei vielen die Erkenntnis durch, dass sich in Schuberts Tönen immer auch Todessehnsucht ausdrückt, die sich im Klang erlöst.

„Zu düster", das fanden auch schon die Freunde, als ihnen Schubert 1828 seinen soeben fertig gewordenen „Kranz schauerlicher Lieder" der „Winterreise" spielte und sang. Er war sich ziemlich sicher, dass sein Zyklus später richtig verstanden werden würde. Wie bereits in dem frühen „Erlkönig", entwickelte er aus dem Intonieren gesteigerten Sprechens oft genug das Melodische, das sich dann selbst genug sein konnte.

Erfindet Schubert in „Die Nebensonnen" zu einem bloß wortmäßig erfahrbaren Begriff wie den „drei Sonnen" Musik, beschreibt er zwar die Augen des Mädchens und über ihnen die reale Sonne, muss sich aber auch allgemeiner musikalischer Kategorien bedienen und dem Lied dennoch erst damit seine generelle Bedeutung sichern. Er verwendet eine Dauerbewegung im vorgegebenen Taktmaß, deutet das im Text Gesagte in Erfahrbares um, indem er den Ausdruck „stier" versinnlicht, ohne doch ein solches Wort faktisch erläutern zu können. Führt er hier wie in zahllosen anderen Fällen die Musik vom sprachvollen zum sprachfreien Denken, so offenbart er damit das Entscheidende seiner persönlichen Musikerfahrung.

Schubert scheint das, was in den Liebesnöten Wilhelm Müllers ziemlich kleinbürgerlich anmutet, nicht im Geringsten gehindert zu haben. Vielmehr ließ sich seine Phantasie gerade durch jene Reihe von Wortsymbolen motivisch inspirieren, die bei anderen sofort und bei ihm bloß auf den ersten Blick zu rein Illustrativem verleiten. Knarren der Wetterfahne, Knurren der Hunde, Sturmwind und sogar das Irrlicht sind Wahrnehmungsbestandteile, auf die nicht erst hingewiesen werden muss, denn jeder erkennt sie. Gibt es bei Schubert überhaupt Tonmalerei im üblichen Verstand? Lässt sich sein Vorgehen mit dem Haydns in der „Schöpfung“ (Uraufführung 1798) vergleichen? Dort brüllen Löwen, zwitschern Vögel, Leviathan wälzt sich über die Erde und Schnee wie Regen werden in schöner Naivität abgebildet. Wir müssen wohl sagen: Schwerlich.

Als Konzerte mit Liedern aufkamen, waren Philosophen dabei, neuerlich gegen eine reflexive Trennung von Leib und Seele anzurennen. In der Tat scheint eine solche Abspaltung am Wesentlichen der Erfahrung von Schuberts Liedern vorbei zu gehen. Denn bei ihm zielt Gesangsmusik darauf, Abbild der Einheit von Gefühl und Ratio zu sein. Ebenso denkend wie empfindend hat er zu einem Ganzen gefunden, das wir gewöhnlichen Sterblichen nur als rätselvoll bezeichnen können.

Brahms hatte wohl mit seinem Wort recht gehabt, es gebe unter all den Hunderten von Schubert-Liedern kein einziges, aus dem „unsereins nicht irgend etwas Lernen könnte." Und was er damit meinte, betraf wohl das Vordringen von Ausdrucksmöglichkeiten in bisher unbekannte Regionen. Das bedeutet nicht, dass auch noch in Schuberts reifster Zeit, etwa unter den Rellstab-Gesängen, weniger an seine Person Gebundenes zu finden ist. Aber bei der Sicht auf das ganze Liedwerk, wie sie mir dank dem Auftrag einer Schallplattenfirma gegönnt war, wird deutlich, wie die Liedformen von Ausdehnung zur Verdichtung streben. Bei den kantatenhaften Reihungen, den strengen Strophenliedern, auch den variierten, ist noch die Bindung an das 18. Jahrhundert zu erkennen. In der Spätzeit kommt jener neuartige Typ zur Geltung, der eigentlich erst die zweite Hälfte des 19. Jahrhunderts künstlerisch bewegen sollte. Hier handelt es sich um das verdichtete Strophenlied, in dem die Fähigkeit zur Impression verstärkt auftritt. Nur so ist eine Quasi-Passacaglia denkbar, die ihrer Zeit im „Doppelgänger" weit vorausgreift. Selbst in dessen sparsamer Begleitung verdeutlicht sich, was der neue Aufbruch gesanglich wie klavieristisch bedeutet.

Die Geburt von Welten im Liede schließt mit dem „Schwanengesang", ein Titel, unter dem die den Nachlass ordnenden Freunde vierzehn Gesänge zusammenfassten. Sieben stammen von dem Berliner Ludwig Rellstab, sechs Heine-Lieder mussten im ganzen Werk die einzigen bleiben. Eines schließlich kommt von J. G. Seidl, jene „Taubenpost", in der sich ein grundsätzlicher Antrieb von Schuberts Künstlerschaft ausspricht: „Sie heißt die Sehnsucht! Kennt ihr sie, die Botin treuen Sinns?"

CARL LOEWE

Ist der Genannte wirklich vergessen? Weiß man überhaupt nichts mehr von dem Liederschatz, den er hinterließ? Immer nur die wenigen Balladen zu singen, deren Abenddämmerung längst eingesetzt hat und als einzigen Maßstab den Anfängern einzupflanzen, das kann diesem Meister nur teilweise gerecht werden.

Dass der Begriff Ballade eigentlich Tanzlied bedeuten will, ist für die Verehrer Loewes wenigstens noch als Spur wesentlich gewesen. Das Bekenntnis zum strophischen Grundriss stellt immerhin jenes Formelement dar, das dem die Konturen verwischenden Durchkomponieren heilsamen Widerpart bieten konnte.

Also verstehen wir heute unter „Ballade" ein Gedicht lyrischen Umfangs mit episch dramatischem Inhalt und von altertümlich-abenteuerlicher Grundstimmung, ganz so, wie es Goethe in „Kunst und Altertum" treffend ausgesprochen hat. Er gönnt nämlich der Ballade „entschiedenen lyrischen Charakter", so wie ihn Herder exemplifizierte.

Zwischen Zumsteeg und Loewe steht beachtenswert als Mittler Konradin Kreutzer, mit Lyrik sowohl als mit Balladen. Dessen auf seit 1812 zu datierende Belege, zunächst meist auf Texte von Ludwig Uhland, hat Loewe, der Stettiner Meister, in den zwanziger Jahren des 19. Jahrhunderts gern gesungen. Auch sie zeigen schon die sonst erst Loewe zugeschriebene Form variierter Strophen und der Erinnerungsmotive.

Solche Verdienste können freilich nicht darüber hinwegtäuschen, dass Kreutzer nun gerade fehlte, was den Sachsen aus Löbejün Carl Loewe so groß machte: Dämonie und innere Weite einer starken Persönlichkeit, einer ausladenden musikalischen Phantasie. Der junge Lateinschüler Loewe empfing neben dem regelmäßigen Unterricht bei Daniel Türke ganz persönliche Eindrücke von dem Giebichensteiner Carl Friedrich Reinhardt. So beschränkt sich Loewe beim Wispern des „Erlkönig" auf bloße Dreiklänge, und das entwickelt eine Erfindung von Reichardt weiter. Und wenn ihn Carl Friedrich Zelter in Berlin für sein Lebensamt als Kirchenmusikdirektor geweiht hat, so hat das umfassendere Bedeutung als eine Anekdote aus einem Lebensbericht. Es zeigt nämlich, wie sicher Loewe, der Großmeister der Ballade, auf den Schultern der Hausmusiker Goethes, den Größen der Berliner Schule, Reichardt und Zelter, stand. Was ihn besonders der wendige, geistvolle Reichardt an Stimmungswerten hat übermitteln können, lässt sich am bezeichnend kurz gefassten „Geistesgruß" nach Goethe ablesen. Fruchtbare Anstöße Zelters zeigen sich in der altertümelnden Schlichtheit des „Königs in Thule" ebenso wie an der großzügigen Phantastik von Schillers „Berglied".

Wie bei Schubert lässt sich bei Loewe von einer Entwicklung reden. Das Versprechen, was sich mit dem einundzwanzigjährigen Theologiestudenten sofort erfüllt, als er mit seinem Opus 1, „Edward", „Erlkönig" und „Der

Wirtin Töchterlein" sozusagen vollwertig.an die Öffentlichkeit tritt, ist mehr als nur Geschichten-Erzählen. Es bezeichnet Loewes Kompositionsweise mehr als seine Berufung auf das Pseudonym der Cousine. Die Anregung, diese drei Titel zu komponieren, kam nichtsdestoweniger von Jacob Grimm und Goethe.

Jedenfalls sollte man Loewe als eine Sondererscheinung im deutschen Liederwald seines 19. Jahrhunderts sehen. Nicht so einzigartig, wie man denken könnte, war sein Schicksal als deutscher Musiker: Schumann und Wagner priesen Loewe in höchsten Tönen (der letztere besonders wegen „Elvershöh"); das deutsche Konzertpublikum bis hin nach Wien schätzte ihn als Sänger und am Klavier zugleich als Spieler der anspruchsvollen Begleitparts seiner Balladen.

Dass er mit seinem Oratorienchor in Stettin Bachs Matthäus-Passion schon ein Jahr nach Mendelssohn aufführte, trug ihm Hochachtung ein. Aber seit 1850 verstummte der Interpret, und als der junge Brahms mit dem Dichter Claus Groth den Siebzigjährigen in Kiel, dem Wohnort von Loewes Tochter, auf der Straße traf, suchte er vergeblich, den Sänger Julius Stockhausen an seine Interpretenpflicht gegenüber dem eigentlich Vergessenen zu mahnen. Er hätte die knappe Prägnanz von „Heinrich der Vogler" bewundern können, die gesangliche Volkstümlichkeit der weiten Bögen des „Nöck", die Symbolik der Tonarten und die Zeichnung der Gebärden im „Zauberlehrling", die „Glocken von Speyer", die Dichte der Stimmung im „Pilgrim von St. Just" oder die ukrainische Färbung des „Woywoden" nicht minder. Er hätte den „Mohr auf der Messe" als menschlich erschütternd empfinden und nicht weniger den Humoristen in Uhlands „Graf Eberstein“ oder in Goethes „Hochzeitslied“ hervorkehren können. In jedem Fall löste Loewe die selbstgestellte Aufgabe deklamatorisch wie musikalisch vollendet.

Erst nach seinem Tod 1869 ist der Meister durch die Brüder Spitta und den Wagner-Bariton Eugen Gura wiederentdeckt worden. Dieser erzählt in seinen Erinnerungen, Richard Wagner, sonst nicht häufig zu Lobsprüchen über Kollegen aufgelegt, habe 1875 bei den Bayreuther „Ring“-Proben ausgerufen: „Das ist ein ernster, mit Bedeutung die deutsche Sprache behandelnder, nicht hoch genug zu ehrender deutscher Meister, echt und wahr!“

ROBERT SCHUMANN

Schubert hatte mit seiner spezifischen „Romantik“ sicherlich keine Formlosigkeit ausgelöst oder propagiert. Vielmehr ließ er die Stimmungen des Inhalts, vom Textvorgegeben, nicht wortwörtlich vorherrschen, und ließ sie erst allmählich dem dichterischen Anspruch gehorchen. Robert Schumann setzte dieses Vorgehen dann fort und steigerte es, indem er bereits bei der Textwahl literarisierte und den Klavierpart dabei zu gleich starkem Mitwirken bestimmte, ja ihn hervortreten ließ, was eine neue Blüte der ganzen Liedgattung ermöglichte, trotz aller zeitlichen Beschränkung durch Schumanns immer nur suchende Vorgehensweise. Lange und bedeutungsunterstreichende Nachspiele, etwa in der „Dichterliebe“ oder in „Frauenliebe und -leben“, unterstreichen das. Das Erstaunlichste ist diese Art der Zusammenfassung als Epilog, die doch dem Sänger keineswegs Effekt und Applaus stehlen.

Bedeutend für den Liedaufbau wird es bei Schumann nun, dass er sich immer weniger von absoluten Gesetzen maßregeln lässt. Vielleicht das schönste Beispiel gibt uns die Begleitung zum „Nußbaum“ nach Justus Mosen. Da bekommt ein jeder Tempowechsel seelische Ausdruckskraft. Ganz wie der über alles verehrte Bach beim Arioso aus der Passion „Erbarm es Gott“, lässt Schumann die Singstimme gern aus Spannungsklängen unerwartet schließen, die erst vom Klavier zu Ende geführt und deutlich ausgesprochen werden.

Schumann hatte schon eine ausschließlich für das Klavier komponierte Reihe von zum Teil gewaltigen Werken hinter sich, als er, getreu den sektionsgebundenen, in Gruppen erforschten und bewältigten Werkgattungen, sich dem Lied zuwandte. Es kann folglich nicht verwundern, dass er geradewegs vom Klavier ausging. Ja, es half ihm sogar und hinderte ihn nicht, eine Fülle der herrlichsten Gesangsmelodien zu erfinden, was Kritiker davon abhalten sollte, von einem Hineinkontrapunktieren in Klavierpassagen zu schwafeln.

Kein Wunder auch, dass die vorausgegangenen Frühversuche in Liedern wie Goethes „Fischer“ noch nicht wirklich überzeugen. Am meisten hatte zunächst der Klavierpoet zu sagen, bis endlich im Jahr des schwer erkämpften vermeintlichen Eheglücks, 1840, ein kaum mehr überschaubarer Reichtum von 138 Liedern vor aller erstaunten Augen ausgeschüttet wurde. Wenn das im letzten Peters-Band Gesammelte uns nur noch zu etwa einem Drittel etwas sagt, so liegt das wohl am verzweifelten Drängen des Meisters jener Spätjahre hin zu Einfachem, volkstümlich Gehaltenem, das ja nicht allein das Liedschaffen betrifft. Jedenfalls würde ich sehr zögern, hier von einem Nachlassen der schöpferischen Kräfte zu reden.

Mehr als anderthalb Jahrhunderte nach Adam Krieger rückt mit ihm Sachsen wieder ins volle Licht der Musik. Züge einer besonderen Liebenswürdigkeit seines Naturells werden in Schumanns Kompositionen höchstens verdunkelt durch sein spezifisches Dämonium. Es schlug sich in geschlossenen Liederkreisen nieder, einer bei Beethoven oder Schubert vorgefundenen Formidee. Und ging er darin noch meisterlich vor, so darf man doch sagen, dass ihm seine manische Beschäftigung mit dem Tod im Wege stand und er an innerem Reichtum gelegentlich vorbeiglitt. Manches von ihm durch Musik überhöhte Gedicht von Heine, Reinick, Chamisso oder Burns ist für junge Menschen von heute etwas ferngerückt; bemerkenswert übrigens, wie oft dem glättenden Einfluss Claras das Kühne und Ursprüngliche in den gedruckten Lesarten geopfert wurde.

Dieser schüchterne, wortkarge bis schweigsame Mann, als kritischer Schriftsteller oft von schneidender Schärfe, am Klavier sein sich aufbäumendes Temperament darbietend, solange die verletzte Hand es noch zuließ, setzte für die Gestaltung von Lyrik enorme Möglichkeiten ein, er, der Sohn eines Buchhändlers und selbst belesenster Literaturkenner. Aus diesem Wesen, nach verschiedenen Seiten hin tendierend, ergaben sich Möglichkeiten, die das Zarteste, Hingehauchte („Die Rose, die Lilie") ebenso wie das holzschnittähnliche „Die Soldatenbraut" nach Mörike, Eichendorffs „Frühlingsfahrt" oder die hispanisierenden Lieder nach Geibel („Der Hidalgo", „Der Kontrabandiste" oder „Flutenreicher Ebro") genauso souverän erstehen lassen wie den hebräisch gefärbten Gesang nach Byron.

Was etwa Goethe für Schubert bedeutete, das sollte Heine für Schumann sein, wenn sich Dichter und Komponist auch nur einmal in frühen Jahren begegneten. In einem Essay „Heine und die Folgen" stellte Karl Kraus fest: „Diese Lyrik ist Melodie, so sehr, dass sie es notwendig hat, in Musik gesetzt zu werden". So eindeutig eine solche These auf Goethe und die größten Teil seiner Lyrik zutrifft, so prekär und vieldeutig erscheint sie im Blick auf Heines Verhältnis zur Musik. Der Dichter konnte Schumann brauchen, verehrte ihn zeitweilig schwärmerisch und empfing ihn freundlich, vergaß ihn aber bald. Als Schumann später dem Dichter ein Liederheft nach Paris schickte, blieb eine Antwort aus. Möglicherweise stellte sich Heine unter einer Vertonung seiner Gedichte etwas völlig anderes vor.

Es gibt eine Eigenart Schumanns, die ihm den Vorwurf eintrug, er „verstünde nichts von Gesang". Es geht dabei auf missverständliche Weise um das Einfügen längerer Pausen mitten in einer dem Sinn nach zusammenhängenden Phrase, wie man es seltener auch bei Schubert oder Mendelssohn finden kann. Dies geht auf das getreue Nachbilden der jeweiligen Zeilenlänge zurück, auf die Schumann, vielleicht nicht mutig genug, das Sinngemäße miteinander zu verbinden, reagierte. („Die Lotosblume ängstigt – – sich vor der Sonne Pracht")

Dies führt uns geradewegs zu Umdichtungen von Texten, die Schumann recht häufig vornahm. Es geht bei ihm nie um Irrtümer des Gedächtnisses, sondern um ganz bewusste Änderungen, die man einem Meister des Wortes wie ihm wohl einräumen darf, zumal sie fast immer auch eine Verbesserung darstellen. Wenn Justus Mosen im „Nußbaum" schreibt: „blättrig die Äste aus", so wird jeder, der einmal einen „gefiederten" Nusszweig in der Hand gehalten hat, Schumann zustimmen, wenn er von „blättrig die Blätter aus" spricht. Sollte ein Singender selbst auf Spurensuche gehen und bei Eichendorff finden, dass es bei ihm „und keiner kennt mich auch hier" heißt, so wird er sich bald klarmachen, weshalb Schumann dies zu „und keiner kennt mich mehr hier" machte, um eben eine schönere Annäherung der Vokale und ein reineres legato zu erreichen.

Eine weitere ganz spezielle Vorliebe Schumanns bleibt die damals sicher als hochmodern empfundene Freude an Bach-Studien, nämlich polyphone Motive auf gleichbleibender Metrik von Texten, die in gotischen Ruinen des 19. Jahrhunderts zu denken sind: „Dämmrung will die Flügel spreiten", „Eingeschlafen auf der Lauer" oder „Zu Augsburg steht ein hohes Haus". – Manchmal erfindet Schumann primär vom Instrument her entworfene Tanzszenen, die tragischen Charakter nicht leugnen, wie „Das ist ein Flöten und Geigen", „Der arme Peter I" oder Andersens „Spielmann", meist in sehr freiem Rubato vorgetragen.

Es gibt auch viel jugendfrisch Mitreißendes, vielleicht von Burschenschaftlichem angeregt wie das „Wohlauf noch getrunken" oder die fröhlichen Stimmungen eines Augenblicks, wie sie aus Goethes „West-östlichem Divan" mitreißend in „Freisinn" oder „Setze mir nicht, du Grobian" entnommen sind. Viel Balladenhaftes fällt ins Ohr und Auge, nicht immer so fabelhaft gelungen wie in Heines „Belsazar" oder in „Die beiden Grenadiere". Hier bleibt besonders zu bewundern, wie Schumann Reihen von Überlegungen keineswegs alltäglicher Art in seine Tonsprache zwingt, auch wenn er wie bei der Marseillaise fremde Melodien dem eigenen Melos unterwirft und eine bildhafte Vorstellung vom Fallen und Sterben (anders als die meisten pathetischen Schreier) in sein Nachspiel nahtlos einfügt.

Was heute als etwas zu hingebungsvoll in Chamissos „Frauenliebe und -leben“ nicht mehr recht zeitgültig erscheinen mag, birgt doch viel mimosenhaft Zartes und Nachspürenswertes. Immer noch vernachlässigt erscheint mir der immer gewaltiger wirkende geschlossene Zyklus op. 35 nach vom Seelenarzt Justinus Kerner geformten Gedichten, angeregt von persönlich erlebten Patientenäußerungen. Daneben, und eigentlich der am meisten gesungenen „Dichterliebe“ nach Heine überlegen, steht der Liederkreis von Gedichten Eichendorffs.

Im Zentrum von Schumanns Liedern steht Schwärmerisches wie Rückerts „Hier in diesen erdbeklommnen Lüften“, Reinick mit „An den Sonnenschein“, Heines eigentlich an den Schluss von op. 24 gehörendes „Mit Myrthen und Rosen“ oder auch sein „Du bist wie eine Blume“ oder sein „Aus alten Märchen“. Immer wählt Schumann solche Texte, die sich, aller Ekstatik trotzend, in der Nähe seiner Todesgedanken aufhalten, wohlgegliedert und selbstkritisch beobachtend. Leidenschaftlichkeit noch im Zartesten, innere Weite bei kleinem Umfang, schließlich auf der Suche nach „volkstümlicher“ Simplizität, das kennzeichnet das Werk Schumanns in seiner eigenständigen Geistigkeit, die sich nie mit der Stimmkraft des Interpreten begnügt. Das Ergebnis der Düsseldorfer Lehr- und Dirigier-Anstrengungen war enttäuschend: die Zeitgenossen verstanden noch lange nicht seinen Stil, seine persönliche, damals als hochmodern gescholtene Art, aus Gedanken poetische Musik zu machen. Dafür wirkte sich sein Einfluss in allen europäischen Ländern so aus, dass er im Werk der allermeisten Komponisten spürbar blieb. Davon profitierten die führenden Komponisten vielleicht am deutlichsten.

Durch eine bei Schumann nicht seltene rasch repetierende Klavierakkordik ergibt sich eine Zwangsläufigkeit melodischer Empfindung, die es dem Sänger nicht leicht macht, die deklamatorischen Bedürfnisse immer völlig zur Deckung zu bringen. Gelingt das aber, so gewinnt etwa Schumanns Eichendorff-Liederkreis eine Schlusskrönung, die ihrem Reichtum an Empfindung und den zauberhaft beglänzten Naturbildern voll entspricht.

JOHANNES BRAHMS

Mitten unter den zahllosen Anhängern und Nachahmern Schumanns, die alle nicht über Kleinmeisterei hinauskamen und folglich vergessen sind (Ehlert, Ludwig Berger, Bungert, Radecke, Taubert, Kirchner, Kücken, Kiel und – allem Spontan-Erfolg zum Trotz – Robert Franz), mitten in dieser Schar von Hochbegabten aber nicht Genialen, trat einer hervor, der schon in jungen Jahren die Weihe öffentlicher Ankündigung durch Schumann (in der von diesem geführten „Neuen Zeitschrift für Musik“) erfuhr: Johannes Brahms. Und das, obwohl er durchaus nicht als Fortsetzer oder gar Vollender des Stils seines väterlichen Vorgängers gelten sollte. Seit dem frühen Lied „Liebestreu“ nach Reinick aus dem ersten Heft seiner Lieder (1854 der Bettina von Arnim gewidmet), stellte Brahms seine früh vollendete Eigenart zur Diskussion und bewies ihren Wert. Seine Anhaltspunkte hießen Bach und Beethoven, und nur sehr allgemein entstammte sein Schaffen der Ausdruckssphäre Schumanns. Es wäre den jungen Sängern, die sich auch dem Lied verschrieben haben, zu empfehlen, sich etwas mehr mit dem völlig vernachlässigten jungen Brahms zu beschäftigen.

Für ihn, den Meister der Kammermusik und der Symphonik, bedeutete das Liedschaffen keineswegs nur eine

Nebenbeschäftigung, wie es Otto Klemperer klassifizierte, als er mir einen reinen Brahms-Abend mit einem „unnötig“ verächtlich machen wollte. Denn von dem in der Jugend geschriebenen „O versenk“ bis zu den überragenden späten „Vier Ernsten Gesängen“, also über den gesamten Zeitraum von 45 Jahren, verließen den Komponisten die Probleme des Kunstliedes nicht.

Zudem hat ihn kein Schaffensbereich samt Duetten und Ensemble-Stücken jeglicher Art so populär und heimisch unter den Musikbeflissenen seiner Zeit gemacht. Neben Schubert und Schumann errangen sich seine Kompositionen sehr rasch ihre Bekanntheit, ohne Zugeständnisse an den Massengeschmack, trotz hohen Anspruchs und mitunter spröden Charakters. Die Ausdruckskraft seiner musikalischen Ideen, verbunden mit tiefgehender Menschlichkeit, konnte sich ohne Verzögerung durchsetzen.

Es darf von zwei konträren Gestaltungsprinzipien bei Brahms gesprochen werden: einerseits treffen wir auf klare, unkomplizierte Faktur, wie sie sich in der bekannten Aussage an seinen Schüler Jenner manifestiert, das strenge Strophenlied sei doch eigentlich die höchste aller Liedformen. Andererseits war auch er von den vielerlei gemütsbedingten Verfeinerungen der allgemeinen Entwicklung erfasst und beglückt.

Diesem seelendeuterischen „Modernen“ gab der davon begeisterte Max Reger den eindeutigen Vorzug und traf damit auch für Brahms‘ gesamten Liedbereich das Wesentliche. Der Wille, Neues und Einmaliges auch im Lied vorzutragen, trägt seine Spuren auch dann, wenn, von der Sonate herkommend, Motive sich in der Art einer Durchführung miteinander verweben. Wenn Brahms so etwas epochal neuartig in der einleitenden Romanze der „Schönen Magelone“ nach Tieck anklingen lässt, so ist das dem Streben nach Verdichtung zu verdanken.

Angesichts der sich immer mehr verfeinernden, immer zartfühlender werdenden Sensibilität der Liedaussagen zwischen Schumann und Wolf wiegt es schwerer, dass Brahms laut übereinstimmenden Berichten beim Liedbegleiten jeglicher „Säuselei“ abhold war und, wenn er spielte, manches unerwartete forte einfügte – anders als von ihm niedergeschrieben. Das muss auch für den Sänger gelten, der sich hier zumeist etwas saftigeren Klang angelegen lassen sein sollte; oft werden auch Akkordschläge polyrhythmisch aufgelöst, und dem Ganzen wird damit mehr orchestrale Fülle verliehen.

Das will nicht behaupten, Brahms sei nicht zu zartester Äußerung fähig gewesen, wie das in „Ruhe, Süßliebchen“ aus der „Magelone“ zu erleben ist. Brahms liebt solche ziselierte Verfeinerung immer wieder bei der Gestaltung von Höhepunkten und begibt sich damit in die Nähe seines Antipoden Hugo Wolf. „Bei dir sind meine Gedanken“ gehört dazu oder auch „O Nachtigall“ (beide op. 95). Er beweist es auch in der „Feldeinsamkeit“ nach Allmers, die mit Grund unter die beliebtesten Brahms-Lieder gehört. In ihm schwingt eine hymnische Weihe, aber eben auch das so besondere schwermütige Rückerinnern mit, das in manchen seiner gelungensten Lieder vorherrscht. Heimweh-Lieder nach Klaus Groth gesellen sich dazu und schließen diesen Ausdrucksbereich aber noch längst nicht ab.

Engstirnige Kritiker wollten wissen, Jubel sei Brahms eigentlich fremd gewesen. Das erinnerte mich immer an den Vorwurf des „zu ernst", den ich nach meinen Liederabenden oft genug zu lesen bekam, ebenso wie die Behauptung, etwas Fröhliches oder Karikierendes sei mir fremd. (Nach „Falstaff" oder „Gianni Schicchi", dem „Krämerspiegel" oder Wolfs abschließenden Mörike-Liedern!) Lieder wie „Meine Liebe ist grün" nach Schumanns Sohn Felix oder „Blauer Himmel, blaue Wogen" wurden bei solch leichtfertigen Verallgemeinerungen übersehen. Und Lieder wie „Vergebliches Ständchen" oder „Ach, es ist nicht auszuhalten mit den Leuten", samt manchem Übermut in den Volksliedbearbeitungen, bezeugen einen ganz und gar nicht bärbeißigen Humor.

Brahms wählte seine Texte als Kenner, ließ sich aber von der Person des Dichters nicht in ähnlicher Weise beeinflussen wie Hugo Wolf. Das wäre auch bei den mitunter abgelegenen Dichtern seiner Wahl, die er liebte und förderte, recht kompliziert geworden. Wer damals zu den viel musikalisierten Poeten zählte, den ließ er eher beiseite oder hob ihn sich für ganz besondere Gelegenheiten auf.

Es kam ihm sehr darauf an, stets handwerkliche Vollkommenheit zu bieten, wozu er alles bis ins Letzte ausfeilte und ziselierte. Einmal hat er dem befreundeten Sänger und späteren Mitbegründer des Boston Symphony Orchestra, Sir George Henschel, über seine Arbeit am Lied gestanden: „Mit dem Gedanken ist's wie mit dem Samenkorn, es keimt unbewußt im Innern fort. Wenn ich so den Anfang eines Liedes er- oder gefunden habe, z. B. „Wann der silberne Mond" („Die Mainacht"), dann klappe ich meinetwegen das Buch zu, gehe spazieren oder nehme irgendetwas anderes vor und denke mitunter ein halbes Jahr nicht mehr daran. Es geht aber nichts verloren. Komme ich vielleicht nach langer Zeit wieder darauf, dann hat es unversehens schon Gestalt angenommen. Ich kann nun anfangen, daran zu arbeiten."

Es waren im Grunde längst vergangene Stilelemente, die sich Brahms neuartig zu eigen machte: Orgelpunkte, Anreicherung der harmonischen Fortschreitungen durch selbständig als Fundament dienende, ungewohnte Nebenlinien, die dazu angetan waren, völlig neue Akkorde zu schaffen und nicht abgegriffen wirkten. Auch dem Lied hat er damit neue Farben, neue Übergänge zugeführt. So konnte er in einem Gesang wie dem „Nachtwandler" so oft wie gewünscht Dur und Moll nebeneinander rücken, wie es noch bei Schubert nicht denkbar gewesen wäre. Speziell an diese stilistische Eigenart hielt sich der verehrungsvolle Max Reger in seinen kühnen Akkordreihungen. Auch reizvoller Rhythmik von ehedem verschaffte Brahms auf eigenständigste Weise wieder neue Aktualität, genauso wie verkürzten Motiven wie im Nachspiel von „So willst du des Armen" aus der „Magelone". Sie bringen rhythmisch wie harmonisch neue, unerhörte Wirkungsmomente. Bei „In stiller Nacht" werden in der Klavierbegleitung Synkopierungen um nur ein Viertel der Zählzeit verschoben und spielen gedanklich mit, so wie wir das viel trickreicher aber auch bei manchen Zeitgenossen erlebt haben, ohne die eigentlich dazu gehörige Freiheit von jeglichem Konstruktivismus. Nein, hier strotzt alles von blühender Menschlichkeit.

In 38 Opuszahlen versammeln sich 200 Lieder für Stimme und 17 Duette sowie eine ganze Reihe mehrstimmiger Gesänge, die sich jeweils in Gruppen finden, deren Inhalt manchmal einem Zyklus ähnlich sieht. Im op. 14 nähern sich die Texte dem Volksliedhaften, auffallend schön darunter das Sonett des Troubadours Thibaut de Champagne „Ach könnt ich, könnte vergessen sie". Brahms Verliebtheit in Agathe von Siebold während seines Göttinger Aufenthaltes brachte einen Frühling von Liebesliedern, dessen Widerhall von „Der Kuss" nach Hölty bis „Von ewiger Liebe" op. 43,1 tönt. Mit op. 32 setzt die Fülle von Gesängen nach Daumer ein, deren bedeutsame Lösung vom letzten Rest an Biedermeierlichkeit in „Nicht mehr zu dir zu gehen" und in „Wie bist du meine Königin" vollzogen ist. Junge Sänger sollten sich auch die in derselben Gruppe enthaltenen Lieder nach August Graf von Platen zu Eigen machen. Zwei unter ihnen lagen mir besonders am Herzen: Das in gewaltigem, aber knapp gefasstem Brausen daherfließende „Der Strom, der neben mir verrauschte" und das heftige „Wehe, so willst du mich wieder", dessen Tempo-Vorschrift mehr über den inneren Ausdruck sagt als über die Geschwindigkeit.

1865 – 1868 arbeitete Brahms an den „Magelone"-Romanzen, an den in die Erzählung von Tieck als den Text überhöhende Schmucksteine gesetzten Liedern, in denen die „Begleitung" vielfarbig wie ein Orchester klingt und sich doch als kammermusikalischer Partner der Singstimme unterwirft, mit der Brahms als ritterlicher Erzähler die Märchen-Einlagen vorträgt. Kaum zu übertreffen ist die Vielfalt der Motive, deren Reichtum den Zyklus zu einem der Gipfelpunkte aller Liedkunst erhebt. Aber wer will hier schon von irgendwelchen Wert-Rivalitäten reden, wo doch gleich danach als op. 43 die keineswegs geringeren „Dunkel, wie dunkel“ (nach Josef Wenzig), für Brahms‘ Frauenchor an Agathe von Siebold 1858, die große, nie erlöschende Liebe, und dann die „Mainacht“ (Hölty) scheu schwermütig, diesmal in berückendem Gleichmaß der Strophen, folgen.

Daumer und Hölty beherrschen op. 46, worunter das zu besonderer Aufmerksamkeit nötigende „Eine Schale des Zorns“ sich verbirgt, das Brahms als „zu wüst“ schon herausnehmen wollte und erst durch den Sängerfreund Julius Stockhausen eines Besseren belehrt wurde. Geradezu hemmungslos volkstümlich springen uns „So hab ich doch die ganze Woche“ und „O liebliche Wangen“ an, aber eben auf einer Stufe, die niemand sonst in dieser Höhe hätte besteigen können. Im op. 48 überzeugt ein überraschend gedämpft aufgefasster „Überläufer“ und das berauschend schwermütige „Herbstgefühl“ nach Schack, in dessen Terzenseligkeit sich nicht nur sentimentale Gemüter verlieben können. Über die wenigen, einigermaßen verstaubten Zugaben für die Hausherrinnen des 19. Jahrhunderts, fliegen wir im Sturm zum op. 63, das sich wieder zur Begeisterung jüngerer Tage bekennt.

Die Lieder nach 1882 kann man als eine geschlossene Gruppe ansehen, so allgemein bekannt und geliebt, dass sie nicht aufgezählt werden müssen. Erwähnt sei nur „Du milchjunger Knabe“ nach Gottfried Keller in veränderten Versen. Nach einer von anderen Aufgaben besetzten Pause folgen schließlich die „Vier Ernsten Gesänge“ op. 121 von

1896, kaum noch Lieder zu nennen, eher den Bariton-Stellen aus dem „Deutschen Requiem“ nahekommend. Sie gehören zum Abschluss des Liedschaffens und brachten mir wichtige Bekanntschaften, wie die mit Wilhelm Furtwängler, bei dessen Kennenlernen und zu dessen Totenfeier ich sie sang; und sie bescherten so manchen Ersterfolg im Konzert. Unvergesslich die einsam bei einer Probe in der Edinburgher Usher Hall sitzende Kathleen Ferrier, als sie sich heimlich eine Träne aus den Augen wischte, wie es schon der Schöpfer der Gesänge tat, wenn er sich selten genug dazu bewegen ließ, die Stücke selbst zu begleiten. Die Nummer 4, schon 1892 entstanden, galt dem Tode der frühen Schülerin und Freundin Elisabeth von Herzogenberg. Die Sprödigkeit in den ersten Sätzen erinnert uns an Bachs Schemelli-Gesänge oder Beethovens Gellert-Zyklus, aber weicher und inniger der Schlusssatz. Alle vier blicken im Angesicht des eigenen Todes auf die vielen verstorbenen Freunde in vergangenen Jahren.

DIE NEUDEUTSCHEN

Wer nicht konservativ oder resignativ in den vorausgegangenen Meistern unerreichbare Vorbilder sah, gesellte sich der „Neudeutschen Schule“ in Weimar unter der Ägide von Franz Liszt zu. Man glaubte, sich mit mutigem Elan in ein Land der Zukunft retten zu können, das dem Schreckgespenst der Décadence einen Widerpart bieten könnte. Und fühlte sich Liszt dennoch den Wagner-Jüngern zugehörig, so bezeichnete das Freund Nietzsche als „Willen zum Untergang als Übergang“.

Den Neudeutschen war das Lied keineswegs Nebensache, da sie doch der Großform von Oper, Symphonie oder Chorwerk zustrebten. Einzig Peter Cornelius (1824 – 1874) behauptete ein Außenseitertum ohne Voraussetzungen gegen so aufzehrende Einflüsse wie die von Liszt oder Wagner. Bei Cornelius vereinte sich im Lied der Dichter mit dem Komponisten zur Personalunion. Frei lässt er im Zyklus „Vater unser“ Paraphrasen auftreten, die jeweils mit einem quasi-gregorianischen Cantus firmus unterlegt sind. 1854 deklamiert er im dritten Lied „Mir klingt ein Ton so wunderbar“ durchgehend auf ein und derselben Tonhöhe.

Am beliebtesten machte sich Cornelius mit seinen „Weihnachtsliedern“ op. 8, bei denen ein hoher Grad der

Nähe des Volkstümlichen zur persönlich gehaltenen Aussage zu bewundern bleibt.

Auch als musikalische Kennzeichnung kam das Wort „interessant" auf, aber das Gelingen blieb allzu oft hinter dem Gewollten zurück. So wird von den Lied-Versuchen eines Friedrich Nietzsche, Leipziger Kandidat der klassischen Philologie, von denen ich einige an mehreren Orten bekannt zu machen suchte, nicht viel Gutes zu berichten sein. Am schönsten kann vielleicht die Petöfy-Vertonung „Verwelkt" wirken, deren Schluss modernistisch als „erfroren" nachzuempfinden ist.

Zum Haupt der Neudeutschen machte sich, auch mit seinem umfangreichen Lied-Oeuvre, Franz Liszt. Es beweist in großen Teilen wesentlich höheren Kunstwert, als ihm meistens zugestanden wird, auch wenn sein musikalisches Wirken in der Hauptsache anregend und weiterbewegend wirkte. Viele unter den Liedern sind vom Orchester begleitet und folgen unverkennbar dem Stil eines Hector Berlioz.

Zunächst blieben unter den Autoren die deutschen Dichter in der Minderzahl. Aber dann lässt Liszt viele berühmte Namen sich seinen Autoren zugesellen, an ihrer Spitze Goethe und Heine. Eine Imitation des Zimbalspiels auf dem Klavier schmückt „Die drei Zigeuner" von Lenau und verhilft ihnen zu einem Genre-Bild erster Güte. Die herrliche Erstfassung der drei Petrarca-Sonette, noch mit der ausdrucksstarken, wenn auch an die Grenzen der gesanglichen Tessitura zwingenden Tenor-Singstimme, schenkte mir nach dem Anhören meiner Aufnahme mit Jörg Demus die Bekanntschaft, Zusammenarbeit und Freundschaft mit Sviatoslav Richter.

Liszt bekannte sich gern zu dissonanten Schlüssen, weshalb man ihn der Geistreichelei bezichtigte, ohne dabei an Schumann zu denken, der offene Formen und Halbschlüsse liebte, auch weil eine formgerechte Nachahmung etwa des Freundes Mendelssohn Gefahren des allzu Korrekten in sich barg. Dabei hielt sich Liszt wohlweislich fern von dem überstarken Einfluss seines „Schwiegersohnes" Richard Wagner, an dem die wenigsten vorbeikamen, die sich seinem Werk zu nähern versuchten.

Dessen 20 Lieder berücksichtigten „Der Tannenbaum" von 1838 und in durchaus selbständiger Art Heines „Die beiden Grenadiere". Zu letzteren erklingt wie bei Schumann die Marseillaise, diesmal allerdings nur im begleitenden Klavier, ohne die singende Solostimme mitzunehmen. Wagner ist sicherlich der bedeutendste Repräsentant jenes Außenseitertums, das diese Gruppe von Herausragenden unter so vielen Kleinmeistern vor allem bewegte. Der Neunzehnjährige begann mit sieben gelungenen Sololiedern zu Goethes „Faust". In der esthnischen Ballade vom „Tannenbaum" aus dem Jahre 1838 steckt schon etwas vom Nornenvorspiel der „Götterdämmerung". 1858 entstehen auf einsamer Höhe die fünf Studien zu „Tristan", Vertonungen ernst zu nehmender Gedichte der von ihm heißgeliebten Züricher Gastherrin Mathilde Wesendonck. Es sind kaum mehr Lieder, sondern Monologe oder Rhapsodien, deren Klavierpart mit seinem stimmungsmalenden, dann leitmotivisch auf Tonsymbole gestützten Kommentar eine verkappte Orchesterpartitur heißen darf. In „Der Engel" klingt beziehungsreich Loges „Von Weibes Wonne und Wert", ebenso Wolframs „Ja, es stieg auch mir ein Engel nieder"; aus „Träume" wurde die Begleitung zum „Tristan"-Duett „O sink hernieder", das „Treibhaus" bereitete die Orchester-Einleitung des letzten „Tristan"-Aktes vor. Die bange Ektase dieser herrlich breiten Stücke bedeutete einen neuen Ton im deutschen Lied, der aber derart an das Genie seines Erschaffers gebunden war, dass von einer tatsächlichen „Nachfolge" nicht die Rede sein konnte.

Der unstrittig bedeutendste Nachkomme der neudeutschen Schule hieß Richard Strauss (1864 – 1949) So erfüllte er auch seine symphonischen Dichtungen formal wie allgemein musikalisch um einiges potenter als Franz Liszt, sein Vorläufer auf diesem Gebiet. Zu seinen teils sensationell angehauchten, noch heute sehr lebendigen Bühnenwerken, kam ein umfangreiches Liedschaffen. Es bietet ganz wie sein Schöpfer selbst ein verwirrendes Nebeneinander von Eindrücken: chevaleresk, herrenhaft, hochgebildet, bayerisch geradezu, spitzbübisch, experimentierfreudig, virtuos, gefallsüchtig. Aber so etwas will natürlich in Strauss'scher Manier gekonnt sein!

Mitunter folgt die Entwicklung seiner Lieder den Wendungen musikalischer Einstellung: von Pathos über Wagner-Treue zur Apollinik und schließlich zu raffiniertem Kammerstil. So stehen nebeneinander glatt, liebenswürdig, unproblematisch das vielgesungene „Ständchen" nach Dahn, altdeutsch gefärbt und traulich „Du meines Herzens Krönelein" neben dem komisch klagenden „Ach weh mir unglückhaftem Mann". Oft begleitete Strauss alle diese Stücke selbst im Konzert, ganz freizügig, oft improvisierend. Glanzpunkte und sichere Erfolgsstücke gibt es in op. 27 noch mehr, so „Caecilie", „Heimliche Aufforderung" oder

„Morgen“, deren Gekonntheit nicht für Kitsch gehalten werden sollte.

Die Begleitungen zu Alfred Kerrs „ Krämerspiegel“-Zyklus, deren technische Bewältigung am Klavier, dürften Strauss selbst wohl schwergefallen sein. Aber hier fand er ein willkommenes Plateau, um seinen ganzen Zorn und Überdruss als Reaktion auf das Verhalten der Musikverlage einmal in humorvollen Anspielungen auf eigene Werke loszuwerden.

Es sind seine Lieder – die in der Zeit des Überbrettls, der Sezession, des Jugendstils – in ihrer genüsslichen, kunstgewerblichen Schnellfertigkeit, die ihr Gegenüber, die vermeintlich hausbacken wirkende Lyrik von Brahms, durch mondäne Gepflegtheit aus den Salons hinauszujagen suchten. Ein Neubarock von ausgedehnten „Madrigalismen“ des alten Barock von Schütz und Bach wird unbewusst neu geboren. „An dem Feuer“ oder „Schlechtes Wetter“ hielten als Beispiele ariadnehafter Zierlichkeit solche Arabesken, die sich die Vokallinie leistet. Leider fand sich kein wirklich stilbewusster und adäquater Klavierauszügler, der die orchesterbegleiteten „Vier letzten Lieder“ nach Eichendorff und Hesse für das Liedpodium hätte tauglich machen können. Die vorhandene Form strotzt von tonlicher Überfrachtung.

Es trifft nicht ganz zu, wenn behauptet wird, der Weg des Bühnenkünstlers Richard Strauss könne nicht über seine Liedkompositionen nachvollzogen werden. Zu alleinherrschend drangen diese Schlager der reinen Klangsinnlichkeit ins allgemeine Bewusstsein. Ihnen zur Seite gibt es höchst originelle, deklamatorisch inspirierte Stücke, die die ariose Hymnik mancher anderen Lieder hinter sich lassen. Etwa „O wärst du mein“ nach Lenau oder Arnims „Himmelsboten“ lassen klangliche Äußerlichkeit fort und erfüllen die Forderung eines Liedkunstwerks, indem sie Melos und Deklamation in sinnvolle Übereinstimmung bringen.

Strauss hat die Erbschaft eines frühen „Überbrettl“-Stils fruchtbar gemacht. Oft jubelt es in dieser Musik mit köstlicher Ungeniertheit („Herr Lenz“), Schmiss steigert sich gelegentlich zu kontrastierendem Humor („Krämerspiegel“) und kann zugleich einen außerordentlich verfeinerten Klaviersatz mit sich bringen. Was freilich ausgenützt wird, sind Nervengeschenke der Zeit, auch wenn sie kein wirkliches Zentrum besitzen.

Nun gehört das Liedwerk von Strauss noch zu jener respektablen Nachblüte, die Schubert und Wolf folgt. Strauss kultivierte den großen Gesangston, was eine Reduktion des Vor- und Nachspiels wie selbstverständlich mit sich brachte. Seine weitgeschwungenen Melodiebögen entfalten unerhörten Klangreiz, auch weil sie weite Intervalle bevorzugen. So kompliziert sich seine Musik im technischen Detail gibt, so gilt das der Sprache gegenüber Sinnvolle nicht zugleich auch für die Musik. Terminologie hat lediglich Berechtigung beim Erlernen des Handwerklichen. Hätte Strauss übrigens durchgeführt, was er scherzhaft ankündigte, nämlich selbst aus der Komposition des Telefonbuchs noch etwas zu machen, so wäre daraus eine psychologische Studie ersten Ranges über ihn selber geworden.

HUGO WOLF

Als Kind hörte ich meinen Vater sagen, als er aus einem Konzert des Wolf-Vereins nach Hause gekommen war: „Immer abwechselnd hat man da ein himmlisches und ein völlig verrücktes Lied gehört." Das innere Ohr eines mit der Musik aufgewachsenen Schulleiters und Liebhaber-Komponisten hatte die Zeit nicht gefunden, mit dem inneren Ohr „nachzuwachsen". Aber das wahrhaft Originelle schien vom Verständnis her und sogar aufführungstechnisch bereits in der nächsten Generation innig vertraut, wie es die schönen Beispiele in der britischen Wolf-Edition auf Schallplatten beweisen. Sicherlich pflegen anstelle der neu zu bewältigenden Schwierigkeiten, wie Treffsicherheit, Fähigkeiten der reizsamen Darstellung, deklamatorischer Ausgefeiltheit, die älteren Ansprüche an Belcanto oder Koloraturfertigkeit abzubröckeln. Aber gerade bei Wolf erscheint der Zuwachs an Forderungen das Bisherige weit zu überholen.

Es ist Hugo Wolfs Lied, dem man im Vergleich zu Schumann oder Brahms bei begeisterter Wertschätzung den Vorwurf nicht ersparen kann, wie übrigens auch all seinen Nachkömmlingen, dass er immer mehr vom häuslichen Musizieren zur beruflichen Konzertausführung transponierte. Das war nicht nur bei Wolf so, sondern schicksalsbestimmt bei seiner ganzen Generation, Strauss, Mahler, Pfitzner, Reger. Der öfter von ihnen gebrauchte Begriff „Schlichte Weisen“ rettete zwar das Liedersingen im Hause nicht, unterstrich aber die unleugbare, längst vollzogene Spaltung zwischen Konzertsingen und Laientätigkeit. Die sich im gesamten Konzertwesen offenbarende Großmannssucht der Wagner-Epigonen um die Jahrhundertwende, ließ die Gefahr des überspitzten „l'art pour l'art“, die fast Ereignis gewordene Endphase des überfeinerten Klavierliedes im Angesicht einer „Volksmusik ohne Volk“ bedrohlich erscheinen.

Damals, als Wolfs erste Meisterleistungen entstanden, als Zolas Romane, die Dramen von Ibsen, Hauptmann und Sudermann, Nietzsches kämpferische Schriften oder der Monismus von Haeckel einen neuen Mythos vom Diesseits schaffen wollten, handelte es sich um einen Kampf wie den jeder Jugend. Diese spielte mit Nietzsche und seinem Rausch des Übermenschen. Wolf und Pfitzner behaupteten sich dagegen mit einer heroischen Dichter-Verehrung im Liede. Besonders Wolf schuf mit den musikalischen Leistungen der neunziger Jahre etwas, das die dichterische Produktion jener Zeit an Dauer der Geltung wesentlich überragt. Auch indem er sich zum späten, aber nicht verspäteten Fortsetzer und Erfüller dessen machte, was Schubert zuletzt in der „Winterreise“ an Möglichkeiten der Seelengestaltung prophetisch vorweggenommen hatte; nicht zum psychoanalytischen Selbstzweck, sondern als sich behauptender Liedsänger und Musiker.

Zum Glück für das zur Gänze liedhaft Gebliebene, durften seine Eingebungen durch seinen von Wagner wie

Bruckner abweichenden Personalstil, in Tendenz wie im Format von eigener Prägung, ohne Monumentalität verbleiben. Mit Schumann teilte er das zart Gegliederte, die filigranhafte Miniatur, was ihn für das reizsame Lied vorbestimmte. Wo Wucht begegnet, am Schluss des „Schreckenberger“ etwa oder in „Hans Adam war ein Erdenkloß“, verspottet er das Bombastische. Wo er großformatig seriös wird, wie in „Prometheus“ oder „Grenzen der Menschheit“, gebärdet er sich so wenig theatralisch, dass ihm mancher nicht glaubt. Aber der Bezirk des Inneren ist ein Kosmos, voller Geist, fein wie leidenschaftlich, erlesener Gefühle voll. Jeder gute Hörer befindet sich mit ihm in adliger Gesellschaft. Seine Motive in Mörike und Eichendorff sind vielfach beseligend volksnah und erfrischend drastisch.

Wolf ist durch mehr Leiden als Freuden am Irdischen gegangen, und sein von aufgepeitschter Wonne bestimmtes Schaffen musste ihm Ersatz für vieles Versäumte geben. Aber sein Dämon hat ihn auf die Höhen strenger Vollendung geführt. Sieht man das von außen an, so handelt es sich um denselben Wolf, der damals jahrelang im Salonblatt gegen Brahms wütete und bewundernd für Bruckner warb. In Anfällen nicht unähnlicher Krisen kamen die großen Liedperioden: Im Frühjahr 1888 die Lieder nach Mörike, und noch vor ihrem Abschluss der größte Teil der Gesänge nach Eichendorff; in wenigen Monaten des Winters 1888/89 schuf Wolfs Genie den überreichen Band nach Goethe, dem ebenso gedrängt auf der Wende von 1889 zu 1890 Geibels „spanisches Liederbuch“ folgte, und – am erstaunlichsten – im Mai 1890 kam die Mehrzahl der Lieder nach Gottfried Keller und nach verschiedenen Dichtern zur Niederschrift, während dann im Winter 1891/92 die 46 Glanzlichter nach Heyse, das „Italienische Liederbuch", an den Tag gezaubert werden, alles in vollendeter Neuheit und Einheit, wie selbstverständlich in werkgebundenem, zusammenhängendem Stil.

Nachdem Wolf 1896 endlich ein eigenes Heim gefunden hatte und die köstliche, komische Oper „Der Corregidor" in Mannheim Erfolg gebracht hatte, die bezeichnenderweise von den Kernstücken des „Italienischen Liederbuchs" ihren Ausgang nimmt, vergönnt ihm das folgende Jahr nur noch die drei Gesänge nach Michelangelo, bei denen der Komponist, trotz seiner erst 37 Jahre, an aufkommender Gehirnerweichung leidend, bereits seinen sogenannten „Spätstil" erreicht hat. Nach sechsjährigem Hinsiechen stirbt der Unglückliche 1903 in der Wiener Landesirrenanstalt.

In den Zeiten seines besessenen Schaffens, zwischen denen er die quälende Dürre der Unproduktivität mit Orchestrierungen von Liedern und ähnlichem auszufüllen suchte, schöpfte er einen Dichter schier ohne Rest für sich aus, indem er sich außergewöhnlich inbrünstig der jeweiligen Dichtung hingab und das fertigbrachte, was sich bei jedem seiner Liederbände überraschend als ein eigener Werkstil herausstellte; und der sich überdies noch teilen lässt: im spanischen Bereich durch den Gegensatz „geistlich" und „weltlich", im Goethe-Band durch „Wilhelm Meister"-Balladen, „Divan"- und „Gedanken"-Lyrik. All dies machte Wolf keineswegs zur Chamäleon-Natur, die sich gefahrvoll von der eigenen Natur entfernt. Sehr viel weniger als die sonst sich am vielfarbigen Popularen ergötzenden Farbsucher, schmückt Wolf seine National-Imitationen mit den betreffenden Eigentümlichkeiten aus. Indirekt und mehr psychologisch findet er dennoch die Wesensart der Apennin- und Pyrenäenbewohner mit großer Treffsicherheit. Und wo er sich mit Mörike, Eichendorff, Keller oder Michelangelo verbindet, sucht er taktvoll aus dem lyrischen Gesamtwerk das ihm Gemäße herauszuheben und sich anzueignen. Hier mag eine Umschmelzung geschehen, nie aber eine Verfälschung des Dichters. Legt Wolf einen Dichter unerwartet „modern" aus, so verschiebt er möglicherweise den Kern an die Peripherie, nie aber über diese hinaus.

Wolfs Werk bietet einen der stärksten Beweise für die Erfahrung, dass große Dichter und Gestalter sich jeder Zeit mit neuem Gesicht offenbaren, das wir mit wachen Sinnen zu erfassen aufgefordert sind. Man darf sicherlich sogar sagen, Wolf habe großen Teilen der klassischen Lyrik neue Aktualität, neues blutvolles Leben für uns Nachlebende gesichert. Das mag uns ein Blick auf das einzige Reifejahrzehnt bestätigen, nämlich auf die drei Michelangelo-Gesänge für eine Bassstimme und Klavier. Der Tonsetzer wurde durch die deutsche Nachdichtung aus der Feder von Walter Robert-Tornow der Dichtung nahegebracht, dessen Namen die Ausgaben wunderlicher Weise verschweigen, obwohl sie den englischen Übersetzer nennen. Im Briefwechsel mit dem Direktor der Berliner Hugo-Wolf-Gemeinde Paul Müller erwähnt dieser die Möglichkeit eines Tonarten-Zusammenhangs. Wolf weist ihn zurecht und lehnt die Folge g-G, cis, e-E als zu formalistisch ab.

„Hochreife, aber nicht Überreife", hat ein Anhänger Wolfs einmal formuliert, und das mag für den ganzen Liederschatz, den er uns hinterlassen hat, stehen. Seine Blüten zeigen noch keine Spur des beginnenden Welkens, keine Einbuße an lebensvoller Wirkung.

MAX REGER und die JAHRHUNDERTWENDE

Einige der Liedschöpfer um die Jahrhundertwende habe ich noch als alte Herren erlebt und werde mir nicht gestatten, ein so früh datiertes Urteil hier als gerecht hinzustellen. In nähere Berührung kam ich mit dem Kreis um Max Reger in Heidelberg, wo der Onkel meiner ersten Frau, Hermann Poppen, ein temperamentvolles und durchaus wirkungsreiches Arbeitsprogramm mit seinem Bach-Chor, ganz im Sinne des schon verstorbenen Meisters Reger, durchzuführen wusste.

Jenes innerliche Erfassen der spezifischen Eigenart des Dichters, welches den höchsten Ruhm des Liedes von Hugo Wolf ausmacht, wurde nie wieder in gleichem Maße erreicht. Zur bevorzugten Form wurde die Steigerung, die – nach Wagnerischer Vorhilfe – das Anwachsen und Abdämmern der Gefühlsintensität in dynamisches Crescendo und Diminuendo umsetzt. Just in dieser Form der Steigerung und Entspannung verrät sich die Gefahr der Veräußerlichung wohl am nachdrücklichsten, die sich im modernen Lied manifestiert. Man denke, um sich davon zu überzeugen, nur an die stereotype Anwendung des Quartsextakkords vor dem Steigerungshöhepunkt, ein Klischee, von dem schon Wolf gelegentlich einen für feinere Ohren peinlichen Gebrauch macht.

Der am mächtigsten ausholende Musiker dieses ganzen Musikkreises war sicher Max Reger (geb. 1874 zu Brand im bayrischen Fichtelgebirge, gest. 1916 in Leipzig). Solange der Meister selbst als angesehener Begleiter seine Lieder propagieren konnte, sind sie im Konzertsaal viel gesungen worden. Seit seinem Tode doch ist es um seine Gesänge recht still geworden. Seine Kammermusik, seine Orchesterstücke, die Chöre und vor allem seine Orgelwerke rückten in aller Stille zu Klassikern auf. Die Gründe mögen in der seltsamen Überpacktheit vieler seiner Lieder liegen. Das natürliche Gefühl des Publikums und die Interessenwendung der Jugend sind von ihm abgerückt, wohl weil hier die Freude an der komplizierten Harmoniewendung eine überaus dominierende Rolle zugewiesen bekam. Den vielleicht wunderlichsten Fall dieser Art stellen die 17 Gesänge op. 70 von 1903 dar (Ludwig Heß gewidmet), in denen Reger vielfach die menschliche Stimme eher wie den Tonvorrat einer Klaviatur einschätzt, ohne an die dynamische Begrenztheit des Organs bei derartiger Beanspruchung durch die höchsten Töne bei beliebiger Dauer zu denken. Das soll keinen Versuch einer Aburteilung des Regerschen Kunstinstinkts im Ganzen bedeuten. So manchen Irrweg seiner großen Naivität hat er später selbst erkannt und sich in seinem späteren Gesamtstil aus provinziell verdickter, „fortschrittssüchtiger“ Technik zu angemessener Durchsichtigkeit entwickelt. Sein Liedschaffen hat hiervon freilich nicht mehr viel mitbekommen.

Belehrend ist es, die Anfänge des Liederkomponisten Reger zu verfolgen. In op. 4 herrscht noch Brahms’ Volksliedton, rhythmisches Feingefühl zeigt „Widmung“,

„Winterahnung" weist bereits die Vorliebe für Ausdrucksmelismen auf. Mit „Bitte" zeigt sich uns (wie sonst äußerst selten) ein Tonsetzer als schärfster Analytiker eigener Einfälle, manches erscheint geradezu als Ausprobieren rhythmisch-metrischer Probleme, wozu vielleicht der komplizierte Satz und die selbst das Neudeutsche überbietende Harmonik als „Lust am Schwierigen" eine Mitschuld trägt. Auch die gelegentlich harmlose Textwahl zeigt sich schon am Anfang.

Nach ausgesprochen deutscher Art, im Extremfall Unart, bietet Regers vokale Schreibweise in den Heften der Reife auffällig instrumentales Gepräge. In seinem von der Literatur abgewandten Musikantentum hat er sich doch sehr gelegentlich in Briefen auf Diskussionen über Liedinhalte eingelassen. Dem Sängernachwuchs sei bei der Auswahl von Reger-Liedern empfohlen, sich nicht bei den etwas billigen „Schlichten Weisen" op. 76 auszuruhen, sondern Entdeckungsfahrten in die „großen" Liederhefte bis op. 97 zu unternehmen und sich nicht von den dunkel glühenden Akkordmassen mit bis zu 67 Versetzungszeichen in einem Lied abschrecken zu lassen.

Wir wollen nicht vergessen, auf einen der bedeutendsten Liedschöpfer der jüngsten Vergangenheit hinzuweisen, auf den Schweizer Othmar Schoeck. Zu dessen 70. Geburtstag durfte ich eine von ihm zusammengestellte Liedfolge singen, die er mit Emphase und Rührung anhörte. Er fesselte sein Publikum durch die Vielseitigkeit seines ganz aus dem Geist Hugo Wolfs geborenen, umfangreichen Liedschaffens.

GUSTAV MAHLER

1806 war der erste Band von „Des Knaben Wunderhorn“ erschienen, eine Anthologie deutscher Volkspoesie, die Achim von Arnim und Clemens Brentano zum Druck vorbereitet und teilweise nachgedichtet hatten. Goethe schrieb darüber: „Dieser Band mit Gedichten sollte eine Inspiration für jeden Musiker werden, neue wichtige Melodien zu finden.“ Es war erst Gustav Mahler, mit Hugo Wolf gleichaltrig, der diese „neuen, wichtigen“ Gestaltungen fand. Denn die Gedichtsammlung des „Wunderhorn“ breitete Texte vor ihm aus, nach denen er seit den Anfängen als Komponist gesucht hatte, und die in ihrem naiven Stil ihm Genüge taten.

1892 brachte der Verlag Schotts Söhne ein Heft unter dem Titel „Lieder und Gesänge für eine Singstimme und Klavier“ heraus. Die Gedichte „Don Juan“ und „Serenade“ gründen in einer deutschen Übersetzung eines Don Juan-Dramas von Tirso de Molinal; wobei Mahler die ersten vier Zeilen einer Verführungsszene mit eigenen Worten ergänzte, wie er es häufig tat. Zwischen 1887 und 1890 komponierte Mahler weitere neun „Wunderhorn“-Lieder, unter denen mich immer wieder „Zu Straßburg auf der Schanz“ dazu aufrief, die mannigfachen technischen Schwierigkeiten zu bewältigen. Es empfiehlt sich, Mahlers Rat zu befolgen und die Triller in den Bassnoten wie Trommelwirbel klingen zu lassen.

Dieses Lied war mit 24 anderen Gesängen natürlich immer wieder besonderer Aufmerksamkeit sicher bei den zahllosen reinen Mahler-Programmen, die ich in aller Welt vortrug. Meines Wissens hat nur ein einziger Sänger zuvor es mit einem reinen Mahler-Programm versucht, nämlich Johannes Messchaert mit dem Komponisten am Flügel. Die Tournée-Intention der beiden zerschlug sich aus Zeitgründen, und es blieb bei einem einzigen Konzert. Ich freue mich, dass einige wenige Schüler-Kollegen es unternehmen, der prekären Lage der Gattung Lied zum Trotz, dies fortzusetzen.

Die „Lieder eines Fahrenden Gesellen" hatten für mich, mit den Wiener Philharmonikern unter Wilhelm Furtwängler, schicksalhafte Bedeutung, die ich in meinem Buch „Jupiter und ich" darzustellen versuchte. Dieser Zyklus von vier Liedern musste sich mehrere Revisionen des Komponisten gefallen lassen, was zur Folge hatte, dass es nie völlig aufgeklärt werden konnte, ob die Klavier- oder die Orchesterfassung zuerst niedergeschrieben wurde. Auch ist nicht geklärt, ob und im Zweifelsfall wie viele der Texte Mahler selbst im „Wunderhorn"-Stil erfand. Spätestens seitdem Gustav Mahler das Lied in den symphonischen Ablauf einbezog, veränderte sich die ästhetische Rezeption der Gattung. Kurze Klavierlieder, die wie „Ablösung im Sommer" in der zweiten Symphonie thematisches Material für einen langen Symphonie-Satz bereithielten, übten nun eine andere Wirkung als zuvor. Sätze, die das „Urlicht" aus der Zweiten Symphonie einzeln in ein

Konzertprogramm rückten, mussten sich dort in der Erscheinung vergrößern.

Vertonungen aus dem „Wunderhorn“ bilden zweifellos die Ausnahme. Strauss und Eugen d'Albert bieten einzelne Glanzlichter, vor allem aber schrieb Theodor Streicher (1874 – 1930) als einziger neben Mahler eine größere „Wunderhorn“-Gruppe. In Alma Mahlers Erinnerungen werden wir Zeuge jener peinlichen Szene, in der Streicher als nachbarlicher Gast während der Sommerferien seine Stücke vorspielt, und Mahler höflich nicht tadelt, aber auch kein Lob zustande bringt. Mahler wusste, dass er ausnahmehaft handelte, denn er schrieb an Ludwig Karpath: „Meines Wissens sind die Wunderhorn-Lieder nur vereinzelt komponiert worden. Also ein kleiner Unterschied ist es schon, wenn ich bis zum 40. Lebensjahr meine Texte, sofern ich sie nicht selber verfasste (und auch dann gehören sie in gewissem Sinne dazu) ausschließlich aus dieser Sammlung gewählt habe. (Briefe, Wien-Hamburg 1982) Dem Leid der Sprachlosen hat Mahler künstlerisch Stimme gegeben, den geschundenen Soldaten zum Kern der Aussage gemacht. Alban Berg sollte im „Wozzeck“ seine Züge nachzeichnen.

Sicherlich das Bedeutendste in Mahlers Liedschaffen liegt in den orchesterbegleiteten „Kindertotenliedern“ und den fünf „Gesängen nach Rückert“. Die ersteren zeugen, mehr als vieles andere von Mahler, vom Wesen seines schöpferischen Genies, auch und gerade weil hier das Aufklingen einer neuen Tonsprache vernehmbar wird, ohne sich je aufzudrängen. Eben dieser schöpferische Musiker, der zwischen den Zeiten steht, erlebt seine ganz persönliche Problematik in vielschichtigem Ausdruckswillen, den das begleitende Orchester ebenso kraftvoll, wenn nicht noch eklatanter zur Wirkung bringt. Die Aufgaben der Deutlichkeit umschreiben zugleich Mahlers „Magie", von der sich der einfühlsame Interpret herausgefordert fühlen sollte. Er ist jedenfalls gefordert, das Publikum zu erschüttern, Mahlers Kunst des Zwischenreiches in der Musik des 20. Jahrhunderts dem Hörer beschwörend nahezubringen. Den zweifellos höchsten Begriff von Mahlers Liedkunst muss uns die Reihe von fünf Gesängen nach Rückert geben, die es zum Glück auch in eigener Klavierbearbeitung gibt. Aller Äußerlichkeit entkleidet ist hier mit größter Kunstfertigkeit ohne all die Seufzer und oktroyierten rubati früherer Lieder verfahren worden, alles zugunsten einer geradezu asketischen Einfachheit beiseitegelegt. Wer hier am Zeitmaß, das den großartigen Gedichten völlig adäquat angesetzt ist, nichts ändert und doch seine individuelle Gefühlswelt in das Vorgegebene eingehen lässt, wird zu erstaunlichen Resultaten gelangen, besonders in den sehr langsam zu haltenden „Ich atmet' einen linden Duft" und „Ich bin der Welt abhanden gekommen".

Dass Mahler Rückert vertonte, setzte die Exegeten seines Werks immer wieder in Verlegenheit. Hans Mayer benennt Rückerts Gedichte „fragwürdige Lyrik". Adorno begründet die „eigensinnige Bevorzugung" Rückerts durch den Mahler der mittleren Schaffensperiode mit einer „Begierde des Rettens", die er mit derjenigen bei Karl Kraus in Vergleich setzt. Mahler aber erkannte vielmehr in diesen Gedichten die umweglose Übertragung gedanklichen Inhalts in das Leben der Sprache, sei es gefühlt, gedacht, betrachtet oder reflektiert.

HANS PFITZNER

Nicht bloß der äußere Bestand von rund 110 Gesangsstücken macht das Schaffen von Hans Pfitzner (geb. 1869, gest. 1949) denkwürdig. Vor allem seine innere Größe macht ihn uns unvergessen. Wenn man wie ich seit mehreren Jahrzehnten mit seinem Liedwerk privat und öffentlich lebhaften Umgang gepflegt hat, wobei der Eindruck nicht verblasst, sondern eher noch stärker und notwendiger erscheint, so dürfte das ebenfalls die Erfahrung anderer Musiker aussprechen.

Während bei Richard Strauss das Liedschaffen zeitstilistisch recht deutlich mit den Ausdruckswandlungen von „Feuersnot“ und „Arabella“ parallel verläuft, so wird man Pfitzner schwieriger mit dem eigenen Opernwerk in Beziehung sehen können, vielmehr ihn in einem Atem mit Schumann oder Wolf nennen, nicht nur dem Range, sondern dem Wesen nach.

Die ersten reifen Lieder des Meisters stammen bereits von 1889 und 1895, gleichzeitig mit den Meisterleistungen Hugo Wolfs, vor den Hauptwerken von Strauss und Reger. Pfitzner berücksichtigt weit mehr als Wolf neben den Klassikern auch Dichter seiner Zeit. Von Strauss setzt er sich ab durch die monologische Weltferne, von Reger durch die Gewähltheit literarischen Geschmacks und durch transparente Knappheit der Mittel.

Erst allmählich gingen mir Augen und Ohren auf für die Ausprägung seiner eigenen Persönlichkeit, die sich erst hinter dem scheinbar herkömmlichen Notenbild entfaltet. Es ist weniger in konservativer Gesinnung, in Treue zu Schumann, als in dem Umstand begründet, dass Pfitzner sich in seiner „absoluten Romantik" keinen Moden wechselnder Jahrzehnte verschrieb. Dennoch liegt in der mimosenhaften Empfindlichkeit, die den leisesten Weckruf aufnimmt, etwas Neuzeitliches, sodass noch unsere Generation diese Kunst als nah und gegenwärtig empfindet. „Graue Gotik" ist es also nicht allein, die sein musikalisches Wesen ausmacht. Er besitzt auch massive Kraft („Gewalt der Liebe", „Zorn", „Gegenliebe") und bezaubernde Farbigkeit („Der Kühne", „Im Abendroth", „Schön Suschen"). Indessen ist das oft völlig Weltvergessene, ein Lauschen auf die kühl tropfende Todesquelle Pfitzners Besonderstes. („Ich und du", „Herbsthauch", „Lethe" oder „Hussens Kerker")

Zu beachten wäre, wie Pfitzner deklamiert. Hervorgehobene Begriffe legt er gern in der Melodie nach oben. Man hört geradezu den Komponisten den Text sinnvoll und abwägend sprechen. Beileibe nicht mit der quäkenden Beckmesser-Stimme, die ihm seit seinem Einspringen für einen Sänger in dieser Partie immer wieder nachgesagt wird, sondern mit jenem ausdrucksvoll schönen Organ, das wir von einigen Sprechplatten kennen. Solches vom Wort Gezeugte und der musikalische Einfall kreuzen und mischen sich auf reizvolle Art.

Wäre man gezwungen, hier ein einziges Stück als für Pfitzner repräsentativ auszuwählen, so würde einer so schwierigen Aufgabe wohl „Hussens Kerker" nach C. F.

Meyer am tiefsten und weitgehendsten gerecht werden. Nähert sich hier alles dem Orchester, so ist vor allem auch der ergreifende Nachruf auf seine verstorbene Frau, „Lethe“ nach Meyer, zu nennen, der schon von vorneherein dem Orchester zugedacht war.

Pfitzner vertonte innerhalb von 43 Jahren 19 Gedichte von Eichendorff. Es lässt sich sagen, sie bildeten den Kern seines Liedschaffens. Seine Interpretation dieser Dichtung setzt sich von Schumann wie von Wolf ab, denn sein Selbstverständnis beruht auf der Autonomie des Einfalls. Dies muss nicht in jedem Fall eine Priorität des Einfalls bereits vor der Kenntnis des Gedichts bedeuten, erklärt aber wohl die thematische Vielfarbigkeit der ausgewählten Texte, die keine Bevorzugung eines einheitlichen Gedichttypus erkennen lassen.

Allen von Pfitzner vertonten Gedichten Eichendorffs ist gemeinsam, dass sie das dichterische Mittel der Steigerung nutzen, mit ein- oder zweiteiliger Sentenz als Schlusswendung, in der die Aussage des Gedichts komprimiert erscheint. Symbole wie Bilder lassen sich gleichsam vom Ende her interpretieren. Man könnte sagen, hier sei die Wahl eindeutiger Aussage des Inhalts in sprachlicher Prägnanz am Gedichtschluss kennzeichnend gewesen.

In Bezug auf die Melodie verfährt Pfitzner ebenso anders wie Hugo Wolf. Er setzt sich von jener Technik ab, die sprachgetreue Deklamation zum Prinzip erhebt und in letzter Konsequenz die gesangliche Melodie dem zur Musik gesprochenen Wort opfert. In Pfitzners „Gesammelten Schriften“ findet sich die Stelle: „Kein Mensch ist so verschroben, dass er nicht, wenn er vom Schaffen eines großen Komponisten spricht, die musikalische Idee als Ausgangspunkt, die Hauptsache, das Lebensprinzip, das Alpha und Omega empfände." Pfitzner sieht den musikalischen Einfall als melodisches Gebilde. Für ihn bedeuten Einheit und Melodie Synonyma. Was Wunder, dass nach Pfitzner und seiner erfolgreichen Vertonung Eichendorff'scher Gedichte, Musik zu dessen Worten selten wurde.

PAUL HINDEMITH

Eine Gegenrichtung schlug der Bratscheninstrumentalist Hindemith ein. Bei ihm ist gelegentlich der Stolz darauf zu spüren, dass er Gesangsmusik zu komponieren imstande war, in der eine Beziehung des Textes zur Musik kaum mehr zu existieren scheint, so in den posthum veröffentlichten Gesängen nach Novalis. Es ging ihm wohl um das Betonen musikalischer Autonomie, die die Töne davon dispensiert, Begriffliches zu untermauern. Das habe ich denn auch in meiner Aufnahme zu realisieren gesucht, wiewohl es schwer fällt, da die Gewalt der Worte geneigt ist, sich vor das Musiktönende zu drängen. Vor allem in den Liedern kann von einem aneinander Vorbei-Definieren gesprochen werden, von einem Sich-Auflehnen dem Wort gegenüber, die freilich bei anderen Tonsetzern ohne gewichtige Folgen blieb, sieht man von der Grundhaltung ab, kein fertiges, allzeit gültiges Ergebnis vorzeigen zu wollen. Ein derart Definitives hätte in Hindemiths Augen geradezu Blasphemie bedeutet, denn Kunst war für ihn fließend, nie zur Ruhe kommend oder endgültig. Dennoch brachten die nebeneinander wirkenden Künste in seinem Werk es zu Interesse weckendem Zusammenspiel.

Pläne für Klavierlieder gab es bei ihm in Fülle, aber die meisten ließ er unvollendet oder unberücksichtigt liegen.

Es ist sehr zu begrüßen, dass nach dem nicht sehr ansehnlichen Heft aus den zwanziger Jahren ein größeres Konvolut nunmehr gedruckt vorliegt. Dichter wie August Stramm, Else Lasker-Schüler oder Josef Trakl wirkten vorher eher wie Pflichtübungen vor dem Zeitgeschmack, wozu sicher auch der Zyklus „Die junge Magd" nach Trakl mit verschiedenen Ensemble-Besetzungen gehört.

Erst jetzt weiß man, welchen Raum das Klavierlied in Hindemiths Schaffen tatsächlich einnahm. Dass er „Das Marienleben" ein zweites Mal in beträchtlich erweitertem Klaviersatz zu Papier brachte, ist bekannt. Im Nachlass des Komponisten fand sich eine große Sammlung von Klavierliedern, entstanden zwischen 1933 und 1939 und hauptsächlich orientiert an der Lyrik des 19. Jahrhunderts. Sie wirken wie ein Akt der „inneren Emigration". Mit ihr gewinnt Hindemiths Musik eine musiksprachliche Dimension, die sich im Bereich von lyrisch-subjektivem Ton und verbindlicher musikalischer Gesetzlichkeit entfaltet und eine Imagination verdeutlicht, nach der sich Musik dem Wandel der Zeit entzieht. Das mag auch erklären, wie selbstverständlich er sich in die Vertonung von englischen und französischen Gedichten während der vierziger Jahre fand.

DIE NEUE WIENER SCHULE

Künstlerisch zu formen, entsprach nicht immer dem inspiratorischen Funken, der oft erst nach erbittertem Ringen zündete. Ungenügen bezog sich gewöhnlich auf melodische Elemente. Dass Schönberg das tonale System in ein sogenanntes atonales umwandelte, sollte man nicht nur als Zwang sehen, sich von der hergebrachten Harmonie zu befreien, es ging auch um den Gewinn einer neuen melodischen Dimension.

Diese Musik darf man in den Frühwerken als etwas sehen, das sich der Errungenschaften aller Töne bedient, mithin auch noch in der Tradition steht und sie nicht radikal ablehnt. Später kann etwas entdeckt werden wie der Generator des Zufalls, der die Musik schrieb und jegliche Bindung an ihre Funktionalität leugnete. Näher betrachtet, stellt sich heraus, dass ein solches Auflösen bereits in den teils zufälligen Zusammenklängen von zwölf Tönen vorbereitet war, so funktional sich ihre Form auch gab.

Arnold Schönberg und seine Schüler nahmen nicht etwa Abschied von der „verständlichen" Musik, und sie verzichteten in keinem ihrer Werke auf den Charakter der Mitteilung. Und machten sie es ihren unvorbereiteten Hörern auch nicht gerade leicht, so war ihnen selber das mehr oder weniger gleichgültig. Schon Mahler hatte mit seinen

Vokalkompositionen gleichsam Zellen gebildet, deren Teilung ihn symphonisch wachsen ließ. Wiens Zwölftöner stellten rückblickend die These auf, der Zusammenhang innerhalb des Gedichts habe den Verlust an Form wettgemacht, indem er wenigstens einen annähernden Halt sicherte. Den Blick auf die helfende Sprache erklärten sie zum Programm.

Schönberg berücksichtigte zwar den rhythmischen und melodischen Tonfall eines Gedichts, spiegelte aber das formale Gerüst der dichterischen Vorlage nur selten musikalisch wider (etwa in „Der verlorene Haufen" nach Victor Klemperer). Er war konsequent genug, seine streng gewandete kompositorische Verfahrensweise mit einer Dichtung zu paaren, die nicht stimmungshaft zaubern wollte, sondern mit den Worten wie mit Bausteinen umging, kritisch distanziert wählte und, wie in dem frühen Lied „Erwartung" nach Dehmel, figuralen Stil aus eigenem Willen dazu fand. Daraus ergab sich die Verbindung zu Stefan George wie von selbst. Sinnfälliger schaffend, siedelte sich Alban Berg seinerseits in der Nähe von Peter Altenberg und Alfred Mombert an.

Schönberg und Webern zeigten sich Gedichten von Stefan George in besonderer Weise aufgeschlossen, wobei sie in der Lösung der sich hier stellenden Probleme einer Vertonung formal bewusst strenger Lyrik verschiedene Wege gingen. So weicht Schönberg diese Metrik zu ungebundener Deklamation auf und überlässt sich, etwa in den „Hängenden Gärten", ganz dem Antrieb des Ausdrucks, wo Webern die Strenge der sprachlichen Form (op. 3 u. 4) in die musikalische Deklamation eingehen lässt. Dabei formt er den Ausdruck in einer Weise bindend vor, die beim Interpreten absolut objektive Vermittlung voraussetzt.

Als er zwei Gedichte von Stefan George als dritten und vierten Satz seines zweiten Streichquartetts einsetzte, pflegte Schönberg nicht bloß einen neuen Liedtypus, er löste die „begleitenden" Instrumente aus ihrer untergeordneten Funktion. Die Singstimme wurde in einen polyphon subtilen Quartettsatz eingewoben, ja zu dessen Mittelpunkt erklärt, indem sie den Ausdruck trug und das spiegelte, was sich in der Struktur der Streicher abspielte. Der Widerspruch ging noch weiter, weil man sich mit dem Nebeneinander von George und der Musik zum „Lieben Augustin" nicht abfinden wollte. Nur wer sich den Intentionen des Komponisten verschließt, wird wie der junge Pierre Boulez nicht anders können, als einen Zwiespalt festzustellen. Aber nicht die Textworte sind hier von Belang, sondern die Reibung Tonalität-Atonalität; Elmar Budde hat in den Studien zur Wertungsforschung darauf hingewiesen.

Dem Interpreten von Schönbergs Musik war zusätzlich aufgegeben, gleichsam psychoanalytisch anzudeuten, den Schlüssel zum Innenleben des Komponisten, zu seiner Persönlichkeit in die Hand zu bekommen, was auch für den großen Teil noch tonaler Musik in seinen Liedern gilt.

Abweichend von Schönberg benutzte Anton von Webern keine Zwischenformen des Singens (Sprechgesang), obgleich mehr als die Hälfte seiner Kompositionen von Texten bestimmt sind. Sprache und „Melodieführung" entsprechen sich bei ihm, die Deklamation gehorcht den metrisch-rhythmischen Forderungen der Lyrik, deren Struktur wird nicht gestört, ja, der Komponist spürt auch noch den letzten, feinsten sprachimmanenten Werten nach. In der Phase der Spätzeit fand Webern in Hildegard Jone eine Dichterin, die ihm die geeignetste Grundlage bereitstellte. Aufs Äußerste komprimiert nach seiner Veranlagung, wollte er sich mit dem Gedicht zwingen zu entfalten, zu vermitteln, eine überhaupt noch wahrnehmbare Form herzustellen. Dies gelang ihm nur gelegentlich und in Teilen, denn vor extremer Aufspaltung des deklamatorischen Duktus schreckte er zurück.

Der Dritte im Bunde der Schönbergianer, dessen Name bis heute in fast allen von ihm mit Werken bedachten Sparten lebendig blieb, ist Alban Berg. Zunächst verbot seine Witwe jegliche Veröffentlichung der Jugend-Gesänge. Als diese aber auch nur halbwegs in den Händen eines Verlags lagen, stürzte ich mich voller Hoffnung auf die frühen Liedversuche, die sich bis auf Goethes „Grenzen der Menschheit" als Gelegenheits-Geschenke an den im Bass-Register singenden Bruder erwiesen und nicht sehr überzeugend auf mich wirkten, obwohl ich sie dann doch, auf ausdrücklichen Wunsch einer Plattenfirma, auf Band sang.

Das nächste Liedwerk gelangte als op. 2 zu einer Konzentration, zu dichter Aussage wie in jener Zeit sicherlich nichts anderes. „Vier Lieder für eine Singstimme mit Klavier op. 2 nach Gedichten von Hebbel und Mombert". Sie erschienen in dem Berliner Verlag Lienau auf eigene Kosten und in Bergs eigenbestimmter Aufmachung. Schon in der Wahl der Texte zeigt sich Bergs literarischer Qualitätssinn. Allen vier Gedichten, Friedrich Hebbels „Schlafen, schlafen" und den drei Gedichten aus dem Zyklus „Der Glühende" von Alfred Mombert, ist die Sphäre des Unbewussten,

Traumhaften gemeinsam. Das Schwebende besonders des letzten Mombert-Gedichts „Warm die Lüfte", die ungeklärten Beziehungen seiner Aussagen zueinander, seine symbolistisch-visionäre Bildermischung mochten Berg dazu bewogen haben, hier erstmals die Bindungen an die Tonalität ganz zu verlassen. Dass trotz dieses herausfallenden vierten Liedes die Lieder insgesamt als zusammengehörig wirken, verdanken sie auch einem musikalischen Mittel: Berg hat sie durch wiederkehrende Akkorde zyklisch gefasst. Schönberg zitierte Berg denn auch als einen „interessanten Fall" in seiner Harmonielehre.

Tadelte Adorno Bergs mangelnden „Sinn für das Lyrische", so ist hier nicht nur ein glänzender Gegenbeweis gegeben, sondern auch die aus Missgunst geborenen Äußerung energisch widerlegt.

ARIBERT REIMANN

Unter den deutschsprachigen Liedmeistern hat sich, von Mal zu Mal mit größerem Bewusstsein und wachsender schöpferischer Kraft, Aribert Reimann des klavierbegleiteten Liedes angenommen, selbst wenn, etwa wie in der Kantate „Unrevealed", die „Begleitung" einem Streichquartett zu höchster dramatischer Wirkung überlassen bleibt. Als wohl dem einzigen Deutschen war es ihm den Versuch wert, zunächst Erfahrungen und Erkenntnisse der Neuen Wiener Schule in sein Schaffen einzubringen, für seine Gesänge gedanklich orientierte Texte zu wählen. Reimann überwand die Gebundenheit an eine Moderne, der ein früher Tod vorbestimmt war.

Mir widerfuhr die Freude, auch Versuchs-Objekt für einen linear entschlackten, vom Akkordischen weitgehend ferngehaltenen Zyklus zu sein, die sieben Lieder „Shine and Dark". Staunend darf man hier vernehmen, wie genau der Komponist, in Gedichten aus einer fragmentarisch erhaltenen Lyrik-Sammlung von James Joyce zyklisch ineinander verzahnt, klirrende Arpeggien des ersten Liedes in die Einzeltöne des zweiten sich verlieren lässt, wie jedes der folgenden Stücke mit den geringsten Verwandlungsmühen seinen speziellen und doch dem Ganzen eingefügten Ton erhält. Der Gesangsstimme und der linken Klavierhand ist es bis zum Schluss gegeben, besinnlich oder ausbrechend wie eine alles Füllende eher weglassende Federzeichnung zu wirken.

Es hat davor und danach viele andere Zeugnisse einer neuen, sehr persönlichen Fassung des Klavierliedes bei Reimann gegeben, die nach meinem Dafürhalten nicht in der Fürsorge des Uraufführungssängers verbleiben werden. Kein Wunder bei einem Künstler, der zeitlebens als Klavierpartner zahlloser Sänger alle Höhen und Tiefen der Geschichte dieser Gattung durchmessen hatte. So führte er auch mich durch die Untiefen einer riesigen Produktion aus den letzten beiden Jahrhunderten.

NACHWORT

Liedgesang erfordert technisches Können nur als Voraussetzung. Hinzukommen muss die lyrische, mehr noch die dichterische Natur des Interpreten: Verdeutlichung der Einsamkeit des Künstlers, Verfeinerung der Musikalität, und – mehr als in jedem anderen Gesangsbereich – literarischer Überblick über verschiedenste Lyrik-Bereiche, das sind Kräfte, die der Liedsänger braucht. Ihm fallen Aufgaben zu, die sich auch mit begabtester Schauspielerei in Gestalt und Stimme kaum werden lösen lassen – Atmosphäre, so mag man die weitaus entscheidendere Wirkung nennen. Die Ausarbeitung des Textwortes soll so lebensvoll, der Vortrag so vielgestaltig, so durchtränkt mit individueller Empfindung sein, dass der Hörer sogleich im Geiste von ihm gefesselt wird. Mit äußerster Hingabe an den musikalischen Stoff und gleich intensiv an das Gedicht muss die sängerische Persönlichkeit in jeder Faser Anteil nehmen. Ein Zur-Schau-Stellen der Stimme kann diesen Vorgang jedoch höchstens behindern.

Aus mancherlei Gründen ist das Genre des Kunstliedes gealtert, auch durch den Charakter der Lyrik in der massenhaften Produktion des vergangenen halben Jahrhunderts, aus der sich nur Weniges, meist gedanklich Bestimmtes, zu allgemeinem Interesse durchringen konnte.

Aber es bleibt der Anspruch bestehen, einen vielversprechenden Anlass gelten zu lassen. Viele wissen es, dass der Kunstgesang im Lied auf ein Gefühlsgebiet trifft, das gegenwärtig wenig gefragt ist, das sich in die Pop-Unkultur flüchtete. Hat sich die Kunst in den Elfenbeinturm zurückgezogen?

Metaphysische und technische Kunsttheorie, bei Kant wie bei Hegel noch strikt getrennt, haben sich vielfach durchkreuzt und umschlungen. Aber auch das Stilgefühl des Hörers wie das des Ausführenden sollte entscheiden, ob ein Komponist sprachliche und musikalische Deklamation gegeneinander abzuwägen wusste. Am Ende unseres naturgemäß unvollständigen Ausflugs sei auf Schopenhauers Gedankengang verwiesen, dass das Sinnliche, Lebensvolle vom Geist nichts zu fürchten hat, dass seine Manifestation der Sprache im Grunde der schwächere, schutzbedürftigere Teil ist. Dennoch sollten wir beherzigen, dass dem Sänger viel mehr als dem Philosophen Erkenntnis und Bedenken nicht allein Sache des Kopfes, sondern ein Bedürfnis des ganzen Menschen aus Herz und Sinn, aus Leib und Seele ist.